U0634648

第六辑

李昕 主编

燕京法学

——对话教育法治

中国民主法制出版社

图书在版编目（CIP）数据

燕京法学. 对话教育法治/李昕主编. --北京：
中国民主法制出版社，2020.11
ISBN 978-7-5162-2324-6

Ⅰ.①燕… Ⅱ.①李… Ⅲ.①法学—文集②教育法—
中国—文集 Ⅳ.①D90-53②D922.164-53

中国版本图书馆 CIP 数据核字（2020）第 237065 号

图书出品人：刘海涛
出 版 统 筹：乔先彪
责 任 编 辑：逯卫光

书名/燕京法学——对话教育法治
作者/李　昕　主编

出版·发行/中国民主法制出版社
地址/北京市丰台区右安门外玉林里 7 号（100069）
电话/（010）63055259（总编室）　　63058068　63057714（营销中心）
传真/（010）63055259
http：// www.npcpub.com
E-mail：mzfz@ npcpub.com
经销/新华书店
开本/16 开　710 毫米×1000 毫米
印张/12.25　**字数**/168 千字
版本/2021 年 5 月第 1 版　2021 年 5 月第 1 次印刷
印刷/三河市宏图印务有限公司

书号/ISBN 978-7-5162-2324-6
定价/48.00 元
出版声明/版权所有，侵权必究

（如有缺页或倒装，本社负责退换）

目 录
Contents

第一期　教育法研究的现状与特点

一、沙龙简介

（一）参加人

主持人/主讲人：李　昕　首都师范大学法律系教授

与谈人：荣丽颖　首都师范大学教育政策与法律研究院副教授

何　颖　首都师范大学教育政策与法律研究院助理教授

刘兰兰　首都师范大学法律系助理教授

汪　雄　首都师范大学法律系助理教授

安丽娜　首都师范大学法律系助理教授

（二）内容概要

学科是学术制度化的结果。有关教育法研究的学科定位问题一直存在着分歧，有三级学科说、独立学科说、领域研究说。有关学科定位分歧的实质在于对教育法的研究是否需要体系化、制度化，以及教育法研究的现状与需求之间的融洽度的不同认识。从学科的角度而言，目前教育法研究呈现出以部门宪法与部门行政法为主体，借鉴、互补基础上的多学科松散型组合，以及问题主导下的分散化、即时性研究等特点。基于对象的特殊性，教育法的研究必须建构在对教育这一特定的社会部门的认知基础之上，并运用法学研究的方法整合价值秩序。研究对象的特殊性也使得教育法的研究应当具有问题切入与体系化并重，知识架构的复合与专业化、分析视角与分析方法的独立与互补，以及学术的制度化与问题的开放性等特点，并需要学术界针对上述特点给予必要的回应。

二、主讲人发言

教育法研究的现状与特点

李 昕

目前，教育法属于法学和教育学之间的一个研究领域。学科定位的实质在于应该如何进行教育法的研究，对于法学学科而言，意味着如何用法学的研究方法去回应当下的教育法发展和教育行政管理中存在的一些具体问题，这是确定本选题的目的和出发点。

问题一：关于教育法研究的学科定位和法域归属

主要谈两个方面的问题。其一，如何认识教育法研究的学科定位，目前对教育法学科定位的研究存在哪些分歧，以及这种分歧的实质是什么。其二，如何界定教育法的法域归属，即教育法属于公法、私法，还是具有诸法合体特征的社会法。

第一，教育法研究的学科定位与分歧。

目前，对教育法的学科定位主要有三种观点。第一种观点认为，教育法应当是属于宪法学与行政法学下面的三级学科，这样一种学科定位往往与目前的宪法学和行政法学研究中提出的部门宪法和部门行政法概念相呼应。第二种观点认为，教育法应该与宪法、行政法、民商法等一样，属于一个独立的法学学科。这种观点立足于教育法研究的问题导向，考虑到在教育法中会涉及很多与民法、刑法、诉讼法交叉的领域，交叉领域的存在使得宪法与行政法学科不能够完全涵盖教育法的研究，所以提出独立学科的观点。这种独立学科的观点与将教育法定位为社会法有相通之处，是对教育法的法域归属定位的学科回应。第三种观点认为，教育法属于一个领域性研究，这种观点认为教育本身是一个社会部门，包括法学、教育学、教育管理学、财政学、金融学等诸多方面的知识。此观点同样是基于问题导向的现实需要，主张教育法的研究应该基于一种松散型的联合和各学科之间的合作。有关教育法学科定位的分歧反映出学术界对于教育法特征的观察点的不同，以及由此得出的不同结论。从理论意义上讲，学科是学术制度化的产物。学科的基础在于知识的共性特征。知识通过一定的运用，发展到科学研究层面会形成知识的体系化，在知识的体系化的发展过程中，会形成一些具有共性特征的知识集合，从而根据共性特征将知识分割为不同的学科，这种共性的特征构成一个学科存在的基础，因此，学科的本质是一种知识子系统的集合性概念。我们将所有的知识分属于自然科学和社会科学两大知识系统，在这两大知识系统之下又分子系统，形成不同集合的概念，因此，学科也是科学研究领域分化的结果。学科成熟的外在表现就是学术的制度化。现有自然科学体系的形成是在19世纪末，彼时，学术研究开始朝着制度化的方向发展，每一个制度化的学术研究领域都有它特定的目标和问题，并形成特定的概念和原则体系。所以，学术制度化可以说是一个学科成熟和发展的必要保障，也是一个学科之所以能够成为独立学科的显性的外在标志。法学学科作为一个独立的学科存在，应该归功于概念法学的发展，它使得法学具有了特定的研究目标与研究方法，形成了特定的法学基本概念，并且在这些概念基础之上完成了法学的体系化。因此，法学学科的成立本身就是学术研究制度化的结果和体现。如果将教育法看作一个独立的学科，它必然要有自己独立的研究主题、研究方法、概念和原则体系。如果它从属于其他学科，那它就必然要与这个子系统之间有共性之处。

学科的辨识标准在于特定的研究范围和研究方法。研究范围就是研究的主题、目标，承载着特定学科的研究内容，研究方法即特定学科所具有的独特的分析方法。美国的课程论学者施瓦布认为，对学科进行研究的时候，每一个学科都要以它自身独特的结构为标志，而这个自身独特的标志就是它的概念结构和语法结构。所谓概念结构，就是我们探索什么样的真理；而所谓的语法结构，就是我们的操作程序。转换到今天的语境中，指的就是特定的研究范围和特定的研究方法，因此，确定教育法的学科定位必须明确它的研究范围和研究方法。

目前，教育法的学科定位游离于法学和教育学之间。首先，在法学学科中，通常将教育法的研究定位于宪法学和行政法学下的三级学科。其次，从教育学来讲，通常是将教育法置于教育学原理之下，同样相当于三级学科的位置。学术界有关教育法学科定位的分歧则缘起于对当下研究现状与需求之间差距的反思。主张将教育法作为一个独立学科，是立足于教育法研究的主题与方法的特殊性，而主张将教育法研究定位为某一个学科之下的三级学科，则是基于它与本学科共性的属性。学术制度化的另一个体现就是学术共同体的形成。学术共同体是建立在学科基础之上的，它是由具有相同或者相近的价值取向和专门技术技能的人，为了共同的价值理想去形成一个共同目标而构成的群体。学术共同体存在的基础是学术认同和共同的话语体系。目前，教育法研究的学术共同体是一个松散型的多学科组合。组合的优势在于可以进行多学科之间的交流，劣势则在于共同话语体系和学术认同的欠缺。

反思当下的学科定位，就需要反思当下学科定位所带来的研究的优势和劣势是什么。游离于教育学和法学之间的优势在于多学科之间的交流、互补，从而弥补单一学科在知识体系和架构方面的欠缺。比如，法学研究人员欠缺的是对教育部门的知识体系和运作的事实状态的全面了解，掌握的仅仅是法学的分析方法。而教育学研究人员，在某种程度上对社会部门的知识体系，对问题状态有相对客观的了解，但欠缺规范的法学分析方法，所以二者交流能够形成优势互补，但优势存在的同时也出现了一定的劣势。其中最大的劣势在于，法学研究人员和教育学研究人员的对话体系和分析问题的视角差异较大。知识架构、对话语境的差异是实现不同学科之间高效沟通的障碍，从而造成现实研究中的双向缺失，即法学研究人员对教育这个社会部门没有充分了解，而对教育有充分了解的教育学研究人员欠缺规范的法学分析方法。就当下的教育法研究而言，学科定位是否能够满足现有研究的需要？教育法的研究是否需要上升到学术制度化的层面，以体现它的体系化和专业化？这些问题的回答需要我们对整体的教育法研究成果进行一次归纳和梳理。无疑，在体系化方面，与其他部门法研究相比较，教育法的研究仍存在很大的提升空间和发展余地，但体系化并不一定意味着学科的独立化。体系化是指以全面的视角分析教育领域的法律问题，整合目前分散的、碎片化的研究，从而实现研究的系统化。如果不能回应现实，就学科论学科，就制度化论制度化，抑或以划分势力范围和分配学科资源为目的建构学科，只能使得我们的研究越来越远离现实问题的解决，从而产生学科壁垒、知识封闭等弊端。

第二，教育法的法域归属。

这个问题涉及教育法到底是公法、私法，还是社会法。社会法概念是由大陆法系的学者提出的，用于涵盖与公法和私法并列的第三法域，是对私法公法化、公法私法化在法律结构体系上的回应，反映了当下社会发展的需求。关于如何确定社会法的内涵和外延，一直存在很大的争议，形成了部门法取向、学科取向和研究方法取向三种不同的观点。

在公法和私法二元分立的情况之下，教育法应当如何归属？从法律关系上来讲，教育法所涉及的法律关系已经超越了传统意义上的公法，涉及很多私法的内容。现有的公法知识架构不足以应对研究领域中存在的问题，比如对民办教育法律制度进行研究，将涉及慈善、公益捐赠、信托、非营利法人等民法问题，存在很多公法私法的交叉。从法域上来讲，教育法有很强的社会法的特征，并与社会法的理论框架存在诸多契合点。第一个契合点是理论基础。社会法的理论基础在于社会正义论，即强调维护公共道德，保障弱者利益，合理配置社会资源，具体到教育法领域就是教育资源的合理分配和教育公平权的政府保障。第二个契合点体现为构成上的契合。如果把社会法看作公法和私法之外，具有诸法合体特征的第三法域，教育法恰恰契合了这种公法私法的交叉属性，因此具有了诸法合体的第三法域特征。

问题二：教育法研究的现状

教育法研究的现状可以从三个方面归纳：第一，部门宪法与部门行政法为主体的复合型研究；第二，问题主导的分散化、即时性的研究；第三，借鉴和互补基础之上多学科的松散型的组合。

第一，部门宪法与部门行政法为主体的复合型研究。

从学科角度而言，目前的教育法的研究呈现出以部门宪法和部门行政法为主体的复合型研究特征，即部门宪法和部门行政法是目前教育法研究的主体，在此基础上兼顾与其他法学二级学科的交叉，以及与法学学科之外的其他社会科学的复合。那么，应该怎样从学科角度对部门宪法进行定位呢？目前学界的主流观点认为，部门宪法是一种研究路径，而不是一个学科，包括经济宪法、劳动宪法、社会宪法、教育宪法、文化宪法、科技宪法等领域。我国台湾地区学者对此作过系统的论证，并撰写出一些相对成规模的部门宪法的专题性研究论文，使得这个领域成为宪法学研究的增长点，并呈现出方兴未艾之势。我国台湾地区学者苏永钦教授指出，部门宪法的新颖之处主要在于，从对社会部门的认知探究宪法的规范，从部门宪法规范整合现有的价值秩序，确定基本权的核心内容，并将此视为部门宪法的特征。这一特征再次回应了学术界认为部门宪法是一个研究路径，而非独立学科的定位。与一般的宪法研究的不同之处在于，部门宪法的研究必须基于对特定社会部门这一事实的认知，在此基础上才能实现对价值、秩序的整合，而所谓的对事实的认知，具体到今天我们所说的教育法研究，就是要对教育领域的规律进行把握，这是我们进行部门宪法研究的事实基础。没有这样的事实基础，法学分析方法的运用是无效的。因此，部门宪法研究最大的需求在于知识的复合型、研究方法和分析架构的独立性，以及研究成果的时效性和有效性。

把教育法作为一个部门宪法进行研究的目的在于从对教育这个社会部门的认知出发，探求宪法的规范，整合宪法的价值秩序。首先，必须基于对事实状态的认知，这种认知决定了对部门宪法的研究，必须与其他社会科学复合。当下我们从部门宪法对教育法治领域进行研究所涉及的主要是一些基础性问题，如教育的公共性与教育自由属性之间的平衡问题，多年前宪法学界在回应"孟母堂"案时就该问题进行过个案探讨。此外，还有关于教育权的主体问题，即由谁来行使教育权，是国家行使教育权，还是家长行使教育权；如何处理国家和家长之间的关系；如何界定国家的教育保障义务，包括教育资源的公平促进义务；中央与地方之间在教育财政、教育管理权方面的分权问题；以及学术自由与大学自治等问题。

在一般行政法研究完成体系化之后，行政法研究转由一般到具体，进而提出了部门行政法的概念。其中，余凌云与宋华琳两位教授分别以警察和医药领域为切入点进行了个案分析。行政法学界对于部门行政法认知的核心观点，主要包括以下三个方面，首先，认为部门行政法是指行政法规则和原理在各个具体行政管理领域的运用。这一定位使得部门行政法与部门行政管理之间具有密切的关联性，也意味着研究部门行政法的学者必须了解特定的部门行政管理，正如我们今天进行教育法、教育行政法的研究，就必须去了解教育行政管理的整个环节。其次，部门行政法与行政法之间不完全是总则与分论的关系，也不是一般行政法原理在具体领域的运用。具体到教育法领域，行政法是一个学科概念，而教育法的研究需要面对问题，但问题是不以学科为基础的，问题可能是交叉的，在面对交叉性问题的时候，研究人员必须拥有复合型的知识架构，方能回应当下以问题为导向的研究需要。因此，以行业这一社会部门为依托的研究领域远远超出了行政法的学科范围。再次，部门行政法的研究是以问题为核心的，这与一般行政法有很大的区别。一般行政法更加偏重于研究概念体系和原则，但是部门行政法研究则具有非常强烈的问题导向。围绕着问题的解决，部门行政法具有潜在的边缘性和多学科交融的特征。目前，作为部门行政法的教育法学研究需要明确以下三个问题：其一，如何处理部门行政法和部门管理学在领域和研究方法上的区别，即法学学科应当如何回应行政管理中的事实状态，实现事实和规范分析之间的转化；其二，教育行政法是以问题为导向的松散型研究，还是体系化的研究。如果需要体系化，应该以怎样的逻辑关系整合教育法研究体系，是以法律关系进行整合，还是以教育权和受教育权进行整合，或以整个教育行政管理的环节进行整合，抑或是以现有立法体系进行整合；其三，应当如何处理教育行政法与其他法律和其他学科的交叉问题。

目前，作为部门行政法的教育法研究主要关注于以下几点：其一，以教育管理环节和教育领域为研究对象，如分别从立法、执法、司法，或者职业教育、学前教育、高等教育、义务教育等角度进行研究；其二，学校的法律定位和治理结构的完善；其三，教育行政部门对教育领域的监管，以及权利救济与争端解决机制。

第二，问题主导的分散化、即时性的研究。

所谓的问题主导，首先，体现为立法和政策引领下的学术关注。政策方面，例如《国家中长期教育改革和发展规划纲要（2010—2020年)》引领下对于现代大学制度、大学章程，以及多元办学体制的研究。此外，立法对教育法研究的引导作用也十分显著，例如全国人大对教育法、教师法、义务教育法、民办教育促进法、学位条例的一揽子修改所推动的相应研究。其次，体现为司法诉讼引发的学术界的关注，例如田永案、刘燕文案、山东青岛三名高中应届毕业生状告教育部侵犯公民平等受教育权案等个案引起的学术关注。再次，体现为社会冲突引发的问题思考，如孟母堂事件、异地高考，以及2016年江苏高考指标削减引发的教育史上最大规模的维权行动，对此法学界都给予了相应的理论回应。

第三，借鉴和互补基础之上多学科的松散型的组合。

问题主导下的分散化、即时性研究，以及研究领域的交叉决定了研究人员结构的复杂性，也决定了教育法的研究表现为借鉴和互补基础之上多学科的松散型的组合。这个松散型的组合包括教育学、法学、财政学、社会学等多学科。其中，法学学科对于教育法研究的关注是有限的，并且存在着以问题研究为主导、体系化不足、研究与社会部门脱节等弊端。就研究成果的质量而言，一方面，现有研究成果多数呈现为对于教育社会部门的现状描述与分析，缺乏法学视角下的规范分析；另一方面，运用法学分析方法的成果又缺乏对教育这一社会部门的问题的准确把握，致使研究与现实脱节，存在着研究人员对事实状态的把握不足，以法学研究方法来回应教育社会部门的需求不够准确的缺陷。

问题三：教育法研究的特点与需求

结合上述两个问题的梳理，教育法研究的特点可以归纳为三个方面：第一，问题切入与体系化并重；第二，社会部门认知基础之上的学术研究；第三，学术的制度化与问题的开放性结合。

　　首先，教育法的研究具有问题切入与体系化并重的特点。从研究现状来看，目前存在着碎片化的问题切入、体系化不足的弊端。如何进行体系化，是教育法研究领域成熟到一定程度以后必须解决的问题，体系化的目的在于避免问题导向下松散型研究的浅层化与碎片化的弊端。面对这一特点，现实的需求是整合教育法，实现教育法研究的体系化，在体系化的基础上对现实问题给予相应的回应。

　　其次，教育法的研究是建立在社会部门认知基础之上的一种学术研究。针对这一特点，教育法的研究需要在对社会部门认知的前提下，运用法学研究方法整合价值秩序，确认教育法研究的核心内容。目前，教育法研究领域存在着社会部门认知和学术研究两个方面的欠缺，能够对教育这一社会部门的事实状态给予全面、充分的把握，同时又能够运用规范的法学分析方法给予回应的研究人员较少。这要求研究人员在具备复合性的知识架构的同时，保持分析视角与分析方法的独立与互补。

　　最后，教育法的研究具有学术制度化与问题开放性相结合的特点。学术的制度化意味着研究领域与研究方法的特定化，意味着研究内容的体系化，对于法学学科而言，体现为以法学的视角与方法对现实问题给予有效的回应。同时，现实中的问题是由需求引发的，因此一定是开放的。以全国"两会"各民主党派针对教育领域所提的议案为例，议案内容涉及学前教育、基础教育、高等教育及职业教育、特殊教育、留学和教育对外开放等方面，农村留守儿童、随迁子女就学、校园欺凌等社会热点也在关注之列。其中，民进中央在调研基础上，提出我国学前教育存在地方政府权责不清、管理衔接不畅、管理机构力量薄弱等问题。建议明确省级政府的统筹责任，省级政府层面建立学前教育联席会议制度，统筹解决学前教育中的各种衔接问题，将学前教育纳入国民教育体系，统一规划管理，从保障、服务、监督体系三个方面完善学前教育管理体制。在高等教育领域，议案将目标主要聚焦于如何通过体制机制改革促进科研成果转化等。面对这些现实问题，如何以法学的研究视角和研究方法给予回应？一方面，需要对学前教育、职业教育、高等教育等领域存在的问题进行准确把握；另一方面，能够娴熟运用法学分析方法，并提供对策去解决呈现在我们面前的现实问题。这需要两个方面的敏感度，即问题意识的敏感与学科意识的敏感。问题意识的敏感在于准确把握现实中的问题和需求，学科意识的敏感则在于能够运用法学研究方法，针对问题给予理论的回应，体现出法学在制度建构方面的优势。

三、与谈人发言

教育领域需要开展复合型研究

荣丽颖

教育是一门学科，还是一个研究领域，之前有很多学者争论。原因是教育学一直沿用其他领域的研究方法，如法学的研究方法、经济学的研究方法等。只有课程与教学论才是严格意义上教育学的研究方法，能够说明教育是一个独立的学科，区别于其他学科。至于教育法是否是一个独立的研究学科，有没有构成学科的基础，目前好像还有争论。教育领域出现很多法学问题，如校园安全，可以用法学的视角和方法进行研究，但是涉及体罚、教师惩戒等方面的内容，就很难单独用法学的方法和法学视角来处理。教育是一个特殊的领域，研究的对象是人，所以很多时候我们没有办法用法条框定，所以它是复合型的，既需要法学的研究背景，同时要有教育学的研究基础，甚至需要管理学、社会学的知识积累，才能在实践中把一件事情处理好。

学科定位是开展教育法研究的前提

何　颖

这个问题我之前也没有很深入地探讨过，仅仅有一些想法，通过李老师所作的梳理，让我对这个问题有了深入的理解。我很认同李老师的观点，在教育法发展过程中，我们既要注重知识本身的建构，又要有学科意识。不过，关于学科定位，我不免想到学科发展经验中的一件事。之前，我跟人类学的学者聊天的时候，也讲到学科发展。在我国，人类学的学科定位是属于社会学一级学科之下的二级学科，但从国际的学科认识来看，一般认为二者是并列的。人类学学者认为，这样的定位在一定程度上限制了这一学科的发展。个人认为，这一观点给我们教育法学的启示是，在学科发展中，对学科进行定位必须非常审慎。从研究内容来说，教育法学是一个面向事实和问题解决的学科，交叉复合了法学、教育学，在很大程度上还需要复合社会学的方法。作为这样一个在学科谱系上新兴的学科，相比急着进行学科定位而言，可能目前更需要的是把侧重点放在学科知识的构建上。毕竟学科的制度化需要以知识本身为基础，而学科知识的构建应当以具体问题的解决为动力。我担心太早将教育法定位于某个位置之下，导致某种程度的封闭和限制。另一方面，在一定程度上说，学科定位难免涉及学术权力的博弈，而一旦将注意力放在博弈上，可能会忽视学科知识本身这一实体的发展。所以个人认为，作为学术讨论，应该关注学科本身的发展，以自省的态度看整个过程，对于学科定位也是应当讨论的，但是要审慎地对待学科属性的定位，尤其是尽早以官方的形式进行定位。

再者，关于教育法研究中是否可以借鉴中国古代的立法经验的问题，个人认为不可忽视古今教育的性质差异。在教育研究里，大家很多时候会认同一点，不轻易将中国古代建立的学校和现代学校进行一对一的比较，因为二者的性质、复杂程度和任务有着非常大的差异。古代的官学和私学是学政合一的，有科举制度存在，学校的核心目的就是为朝庭培养官员，选拔官员，注重的是选拔性，不具有为了人类共同发展的公共性，所以在对私学的规制上，通过科举就能约束教学内容。现代学校制度建立以后，我们的教育任务复杂多了，不单是简单的选拔功能，同时还需要从人类发展的功能来考量，现代教育的基本属性是公共性。这个功能加进来以后，不管对比中国古代的经验，还是以传统的公法和私法的划分来看待这个问题，都会复杂得多。因为现代教育的目的不是非公即私的，它是一个融合、共享的东西。因此，当前有学者提出的应当在三元法律结构下将教育法定位为社会法，虽然不符合公法和私法的传统理论定位，但是考虑了教育活动的特殊性，是从社会结构发展的现实变迁对法学理论的突破，有其现实意义。比如，当前公立学校办学体制改革中，出现了多种公私合作办学的新模式，包括与一些非营利组织的合作，以传统的教育行政法看待公立学校办学的时候，是没有办法覆盖的，传统的民法可能也没有办法完全解决公私间的合作，所以确实值得作一些新的尝试，打破这种公私二元划分的界限。

教育法研究现状和特点

刘兰兰

我对教育法的研究兴趣起源于我的博士学位论文，主题是中国基础教育领域受教育权的法律研究。这篇论文一开始是从受教育权这个具体人权的角度出发，从立法、行政和司法各个角度检视受教育权在中国的实施和实现。在研究过程中，接触到许多关于教育发展、教育法治、教育改革的文献，这些文献有的从教育法的角度，有的从法学的角度，也有的兼有教育法和法学的角度探讨和研究教育领域中的各种问题。这些文献拓展了我的法学视角，也拓展了我对受教育权的看法。之前，一开始研究受教育权，就是从权利和义务的角度，审视权利的保障和义务的落实。但是研读了大量的教育法文献，逐渐感觉受教育权的实现本身就是教育的一个重要目标，那么为了实现这个目标，我们的教育管理、教育改革和法律保护一样，都是为了受教育权的实现提供条件保障。和其他领域的法治化一样，教育领域中的行政决策、改革措施、资源管理、权利义务等教育的问题也需要通过法律的规范以及监督，把每一项制度和措施落到实处，才能保障权利的实现。所以，这也是我继续关注教育法研究的原因。

听完李老师的介绍，学习了学科的分类，尤其是教育法的学科定位，受益匪浅。李老师还给我们介绍了教育法研究的特点以及研究热点，启发我对相关教育法学问题的思考。刚才，李老师说到学科的辨识标准一个是研究范围，还有一个是研究方法。关于研究方法，我想先请教一下教育学院的两位老师，我们法学研究有法学的研究方法，例如文献分析法、比较分析法、案例分析法等，我想请问的是教育研究是否有专门的研究方法？因为教育法学正如刚才李老师说的，是一门跨法学和教育学以及教育管理等领域的研究，法学学者研究教育法的问题是以法学研究方法的视角，那么教育学学者是否有独特的研究方法，这些研究方法是否能为法学研究提供一种新的视角？

在我看来，学科是不断发展的，随着社会分工的不断发展，知识门类的分化也不断精细化。一方面，这些精细化的学科门类可以更好地引导科学研究专业化；另一方面，已经定型的学科门类也面临着知识局限性和社会问题复杂性的挑战。跨知识领域的新兴学科的兴起，就是回应这种复杂性的结果。李老师刚才指出，教育法是问题导向的研究，教育法研究需要对教育事实的认识和了解，因此，对于教育领域中的现象和问题的研究，仅仅从法学角度或教育学角度来看都是不够的，因为有些教育的问题，它不仅需要法律知识，也需要教育学的知识才能理解，比如说教育惩戒的问题，从法学的角度，讨论更多的是惩戒权的属性和构成，而从教育学的角度，讨论更多的可能是惩戒的形式和与儿童身心健康权之间的关系等问题，需要的不仅是教育学，甚至是心理学的一些知识。所以，我认为，学科分类固然可以促进学科的专业化，但是也局限了学科在研究范围上的广度。尤其是像教育法学这样的社会法，其内容带有综合性和混合性的特点，也因为其属于跨领域的新兴研究，所以在定位上，我倾向于把它作为一个松散的研究领域，作为一门独立的学科可能为时尚早。

另外，我想听一听在座各位同学们对教育法学定位的看法，你们认为教育法学是一门怎样的课程或怎样的研究？在这里，我想提醒大家的是，法学研究虽然是一个专业化的研究领域，但是法学研究也是以问题导向为基础的研究，需要在对社会现实和社会现象认识和理解的基础上，才能更好地从专业的角度去分析问题。所以，同学们在学习法律的同时，要保持对问题的敏感性和其他科学领域的热情，在知识的学习上不要封闭自己，要不断地拓宽自己的知识视野，促进在专业上思考的广度和深度。

在教育行政法研究的基础上开展教育法体系化的尝试

安丽娜

在行政法总论已取得较为宏观、丰富、全面成果的基础之上，行政法理论在部门行政法领域得以深化与延伸是必然的趋势。学界对教育法的关注很大程度发端于教育行政法的研究，众多研究者本身为高校的学者，多年来处于高校教育的前沿阵地之中，对于法律如何在教育领域发挥规制作用有着设身处地的看法，因此，相较于其他领域的部门行政法而言，教育行政法的研究成果呈现相对繁荣的局面，学界对于教育行政法的关注涵盖了宏观的基础理论（如教育法学的性质定位、教育法学的基础理论）与微观的制度设计（如学校法律制度、教师法律制度），外部法律关系的处理（如学校与政府的关系）与内部治理结构的探索（如高校章程之治、高校法人治理结构），高等教育法治化的进程与各级各类教育（如学前教育、职业教育）中的政府责任等诸多命题。随着教育行政法研究的深入，我们应当开始关注教育法的体系化问题，我们应当探索一个较为清晰的线索来梳理教育领域纷繁复杂的规范与制度，凸显教育法本身的独立品格。而且，目前已有学者进行了类似的尝试，如余凌云教授在警察行政法研究的基础之上构建了警察法的体系，宋华琳教授在药品行政法研究基础之上构筑了药事法的体系，教育法也应当在综合学界研究成果基础之上进行体系化的探索，而这样极具拓展性与开创性的探索工作对我们而言也是极大的挑战。

另外，我对于大家谈及的体系化导致封闭性的问题持保留意见，一个领域的体系化意味着该领域体例结构与研究内容的成熟，但并不预示着这一领域不能再得以拓展，不能再吸纳其他领域的知识结构，即体系化并不是要闭门造车。体系化依然可以是开放的，如教育法的体系化正是在多学科的交融对话中才得以成型，是在突破学科障碍后与现实教育领域更为紧密对话的结果。

从历史的角度看教育法的学科定位

汪 雄

中国古代有没有教育行政法，我最近一直思考这个问题，李老师说要做一个教育沙龙的主题发言，我也在想选一个什么样的主题。在谈这个问题之前，要回答一下刚才几位老师一直讨论的，就是教育法是不是应当有一个完备的体系，有一个明确的研究对象和一个准确的学科定位。

作为一个法学专业出身的人，考虑教育法的学科划分时，是考虑它对于教育法律关系的主体，比如学生、老师，教育行政机构，考虑对它的权利义务有什么样的影响。

一个学科的产生，我觉得是面向实践问题，或者用法律术语来说就是功能主义，它需要满足什么样的功能，它能够在整体上满足哪样的功能，我们就可以将其归在哪一类。刚才何老师举了人类学和社会学独立的问题，可能人类学和社会学所满足的功能，同性多于差异性，但是人类学之所以要从社会学分立出来，更多的原因不是功能上的分歧，而是方法上的分歧。因为人类学有一个特殊之处，它要涉及基因检测和头骨的测量，来确定人类的始祖从哪条线上演化过来，现在已经基本确定我们的始祖是智人，而不是北京房山的北京人，北京房山的北京人在人类演化的时候，已经被智商更高的智人取代了。我举这个例子就是想说明研究方法的特定性，也会导致人类学这个学科不能被社会学涵盖进去。这是教育学和其他学科的兼容性考察，比如说教育法学和行政法学是不是可以兼容的问题。

下面我想说的是，对于教育法学我们应该定位公法还是私法的问题，因为这个问题比较紧迫，但是公法和私法这样的区分标准提出来以后，它对整个的西方法学体系有一个重大的影响，所以也主导了每个人思考教育法学到底定位成什么样的时候，第一个区分标准就是我们应该把它放在公法还是私法。公法和私法的划分，首次是乌尔比安在公元 228 年提出来，他的写作影响到公元 534 年完成的《查士丁尼法典》。这个公法和私法的区分出现在西罗马帝国的时代，当时的罗马贸易很频繁，所以商事法特别发达，私法繁荣，但是公法不发达，这是古罗马学者公认的。如果有谁说自己研究的主题是古罗马的公法，就像北大的薛军，他的研究主题就是古罗马的公法，就会遭到很多人的质疑，古罗马有公法吗？可能会有，但是特别的少。乌尔比安提出这样一个区分的时候，他预料不到16世纪之后，现代民主国家兴起，国家管理体制成熟以后，所产生的形形色色的公法已经远远超出了他对公法的理解。另外，在乌尔比安的时代，除了公法和私法的划分之外，还有一种划分方法，即市民法和万民法。一个适用于本国人，一个适用于本国人与外国人。这是以属人为标准的区分，但是无论市民法还是万民法，包含最多的还是商事贸易规则，外国人为什么跑到罗马帝国来，不是说到这里当官，而是到罗马帝国寻求金银珠宝，至少可以推断，在古罗马私法发达，但是其公法不会像现在这样，有一套完备体系。如果在现在依然套用古罗马的公法和私法的划分，当然会碰到很严重的削足适履的问题。也就是说，我们可以以公法和私法作为借鉴标准，判断我们的权利义务关系，但是如果用这样一个划分标准作一个泾渭分明的划分可能是不恰当的，因为已经过了1800多年。

第二期　高等学校对教师的管理权限

一、沙龙简介

（一）参加人

主持人：李　昕　首都师范大学法律系教授

主讲人：杜强强　首都师范大学法律系教授

与谈人：柳建龙　中国青年政治学院法学院副教授

　　　　张　鹏　首都经济贸易大学法学院助理教授

　　　　何　颖　首都师范大学教育学院助理教授

　　　　陈国飞　中国人民大学法学院博士研究生

　　　　崔俊杰　首都师范大学法律系助理教授

　　　　刘兰兰　首都师范大学法律系助理教授

　　　　安丽娜　首都师范大学法律系助理教授

（二）内容概要

公立高等学校能否因为教师某种行为的不当而将其解雇？对这个问题的回答，取决于对以下两个方面法益的衡量：一是教师的行为之受宪法保护的程度；二是高等学校对教师的自主管理权。教师的权利应当受到宪法的保护，但在强调这种宪法保护的同时，不能否认高等学校享有办学自由，高校有权对教师的行为予以合理的控制。只有在对这两种法益进行必要的衡量之后，才能确定宪法之保护教师相关权利的程度。

二、主讲人发言

高等学校对教师的管理权限探析

杜强强

从法律的角度来讲，高等学校管理教师的权限是多方面的，而且法律在这方面作了非常宽泛的授权。教育法第 29 条规定："学校及其他教育机构行使下列权利：（一）按照章程自主管理；（二）组织实施教育教学活动；（三）招收学生或者其他受教育者；……（五）对受教育者颁发相应的学业证书；（六）聘任教师及其他职工，实施奖励或者处分；……"教师法第 5 条第 3 款规定，学校和其他教育机构根据国家规定，自主进行教师管理工作。这也是学校办学自主权。教师法第 8 条规定了教师的义务，其中就有遵守规章制度。这里的规章不是教育部的规章，应该指的是学校的规章制度。高等教育法第 51 条也规定，学校对老师进行考核，解聘、晋升、奖励或者处分等。这是法律层面的。从实践层面来讲，一个管理良好的学校，学校对老师的管理也肯定是良好的，所以学校对老师的管理是没有问题的，不仅是在法律上有依据，而且它的管理是必要的，不能想象一个学校对老师疏于管理能有很好的教学成果。

不过，学校对老师的管理，主要包括以下几种情况。

一是科学研究与教育的自由与权利。科学研究与教育的自由与权利，首先规定在宪法第 47 条，这一条讲到了文化活动的自由和国家对文化事业的鼓励和帮助。教师法第 7 条规定教师的权利，一是进行教育教学活动，二是从事科学研究，学术交流，参加专业的学术团体，在学术活动中充分表达意见。至少从教师法第 7 条来说，立法机关是把教育和学术活动分开的，这个在宪法第 47 条上也有依据。教育法学者对这个条款的解释是这样的，把整个教师教育教学和学术研究的权利，分为三个：第一个是科学研究的自由；第二个是教育自由，指的是对教育内容、方法的选择权及对学生的指导权，对应于学生的受教育权；第三个是专业自主权，指的是教师以其专业为基础而具有的在学校教育上的自由权利。专业自主这是一个新的术语，董保城老师认为，专业自主权表现在课程内容与教育行为上。在课程内容层面，教师以因材施教为原则，享有教学方法与技巧上的自由，课程内容与教材选择自由，以及选择参考性课外读物等自主权。在教育行为层面，教师为培养学生人格而享有辅导学生之行为、认知、情意、人格与情感之专业权，以及依教育目的与比例原则管教学生之措施选择权，这是属于专业自主权。这些都是法律赋予教师的权利。不过法律也赋予了高校相应的权利，而这两者之间会发生冲突，例如高等教育法第34条规定，高等学校根据教学需要，自主制定教学计划、选编教材、组织实施教学活动。根据第42条规定，高等学校设立学术委员会，审议学术建设、专业设置、教学、科学研究计划方案，等等。在这些方面学校的权利会和老师的权利发生冲突。当然在一般情况下，比如校长、学术委员会在作出决定时会征求相应老师的意见，但也有可能作出不同的选择。

二是主要涉及的是教师其他的权利，在我们国家很多时候都被称为师德的问题，但是实际上看都是法律问题。教师法第8条规定教师要为人师表，批评和抵制有害于学生健康成长的现象。教育部2014年发布了一个文件，规定师德考核不合格者年度考核应评定为不合理，并在教师职务评审、岗位聘用、评优奖励等环节实行一票否决。这里所涉及的教师的自由和权利，首先是婚姻，主要是所谓的师生恋的问题。婚姻自由是受宪法保护的公民的基本权利，这个包括师生谈恋爱的自由。武汉有个大学曾明确规定，老师不得与学生谈恋爱，不得让异性学生单独进入自己的宿舍，不得进行性骚扰。但是它没有规定如果违反这个规定是不是可以将教师解聘。我们国家有的大学已经有了这样的规定，但是不知道实践上有没有因师生恋就把教师开除的情况。其次是着装与仪表，美国学校有很多这样的案例，学校对老师的着装和仪表有明确的规定，但是老师也不愿意自己的发型、服饰等受到限制，前几天看到我们国家一个老师穿着龙袍给学生上课，有可能是一种情景化的授课活动。不过如果是严格的师范教育，对老师的着装肯定是有要求的，美国在这方面有很多的案例。

三是生活方式，比如未婚先孕，在美国都有案例的，不合伦理的性关系、性取向的问题。公务员法对此有一些规范，而且也发生过这样的案例，"先育后婚考公务员遭拒录案"。有一个女性没有领结婚证，就生了孩子，后来她去考公务员，笔试面试都很顺利，但在政审阶段被发现是先育后婚，被认定政审不合格未被录取，她便向法院起诉，告当地的组织部，但法院没有受理，因为被告不适格，组织部不能成为被告。这个案例提出来这样一个问题，能否以公务员未婚先孕为由拒录。当然也可以追问，如果在职公务员发生这样的情形，是否也可以将其解聘。对这个案例，我和中国人民大学的王贵松老师各写了一篇文章，他反对把未婚先孕作为政审不合格的理由，我当年是持赞同意见，认为个人有权选择未婚先孕，但是公务员管理机关也有权利以未婚先孕为由拒录。目前尚未找到高校中的类似案例，但也不是没有可能出现这样的情况。类似的案例是有的，例如所谓的南京某大学副教授聚众淫乱案。按照法律的规定，剥夺政治权利或者故意犯罪受到有期徒刑以上刑罚处罚的，不能取得教师资格，已经取得教师资格的，丧失教师资格。在这个案件中，这位副教授被判刑三年六个月。但如果只判六个月，他依然可以享有教师资格，这个情况下，学校能不能把他解聘或者是开除，也是个问题。所以从这个角度来讲，我们目前所谓师德的很多问题，都可能会转化为法律上的冲突。很多高校在这方面没有类似的规章制度，学校管理的自主性不高，多数情形下都是让教育部代办的。当然，如果以后能扩大行政诉讼的受案范围，把教师状告学校的案例纳入行政诉讼范围，就能够很大程度上促进学校的依法管理。

关于教师的解聘，教师法规定，教师有下列情形之一的，由所在学校、其他教育机构或者教育行政部门给予行政处罚或者解聘：第一个是故意不完成教育教学任务给教育教学工作造成损失的。第二个是体罚学生，经教育不改的。第三个是品行不良，比如南京某大学的那位副教授，即便没有被判处有期徒刑，学校也可以以品行不端把他解聘，我觉得也是可以的，这是学校的权限。按照目前的法律规定，教师受到处罚或者被解聘是不能起诉的，只可以向教育行政部门提起申诉。现在我们正在进行事业单位改革，2011 年中央发布了关于推进分类事业单位改革的意见，高校属于公益二类，保留事业单位的性质，但取消事业单位编制，转为全员合同，所有人员实行合同管理。这就相当于劳动法刚实施的时候，对所有国有企业员工实行合同管理一样。既然都实行合同管理，在法律救济的途径上，高校和教师的纠纷解决可以通过司法的方式。

三、与谈人发言

公共事业改革与大学和教师的法律关系

李　昕

探讨大学和教师之间的法律关系时，首先需要明确我国公立大学教师身份的特殊性，即公立大学教师和公务员身份有什么区别，与普通的劳动关系又有什么样的区别。目前，国家对大学教师采取类公务员的管理制度，但是随着事业单位改革的推进，在去编制化、去行政化、强调绩效管理的改革过程中，事业单位人事制度又面临着市场化、去行政化的趋势。在这个改革的过程中，公立大学教师的法律地位具有了复杂性，一方面，不同于公务员身份；另一方面，又不等同于完全意义上的劳动关系，不受劳动法的保护，处于行政与市场的夹缝中间，从法律上讲，就是游离于公法关系与私法关系之间，欠缺明确的法律保障。

新公共管理理论主导下的公立大学改革是一个世界潮流，改革更加强调对大学的绩效管理，而这种绩效管理直接影响大学的人事制度。从 2011年推行事业单位改革之后，我们一直在稳步地、渐进式地进行人事制度改革。如果说国企改革是以疾风暴雨的方式强力推进的话，我们事业单位一直稳步缓慢进行着渐进式的改革，它涉及四千万事业单位人员的利益。就人事制度改革而言主要体现为三个不同的阶段性措施。

第一个措施就是全员聘用制的推行。2011 年事业单位改革中提出了全员聘用制，这是伴随着事业单位分类改革提出来的。在此之前，事业单位已经开始适用聘用制了，但是这种聘用形式上的意义更大一些，并未触及公立大学教师的个人利益，直接的利害关系并没有显性地显示出来。

第二个措施就是事业单位人事二级代理制度。我国推行公共事业单位改革借鉴了一些日本独立行政法人化改革的措施，比如人事制度中的老人老办法，新人新办法，其中，人事二级代理制度就是类似这样的措施，即老人老办法，新人新办法，在座的年轻老师都属于二级代理。二级代理意味着我国对事业单位工作人员的管理从身份管理到契约管理的过渡，意味着编制管理与人事管理的分离，以及高等学校在人事选择自主权方面拥有更大的空间。

第三个措施就是去编制化改革。2011年人社部的文件进一步提出事业单位去编制化的改革目标，之后人社部再次强调事业单位去编制化改革，这意味着很多公共事业单位，特别是我们公益二类事业单位都要推行去编制化。去编制化后公立高等学校教师的法律地位将如何界定，公立高等学校教师与大学之间、与政府之间的法律关系将如何界定，成为我们必须研究的课题。理论界对人事制度的改革也提出很多的质疑，特别是在配套制度尚未完善的情况之下，推行去编制化改革的机会与条件是否成熟是我们必须审慎思考的问题。

改革所引发的新旧更迭在公立大学教师法律地位上体现为两种身份与法律关系的复合与叠加。其一，高校基于绩效考核的聘用关系。高等教育法、教师法中非常明确地指出了高校实行聘用制，聘用关系中公立大学与教师之间以合同的方式进行明确聘用与考核的目标，其中，学校在考核目标的确定方面具有很强的自主权，各个学校对不同岗位教师的目标、任务的规定也是不一样的，这是第一个法律关系。其二，公立大学基于事业单位管理而与教师之间的干部人事关系，这个关系是类似于准公务员的。目前，改革的过程中，我国公立大学教师与大学之间的法律关系呈现出这两种关系的叠加，即合同关系与人事关系复合与叠加，也正是因为这样的叠加，引发出实践中的很多纷争。深圳大学在推行人事改革的时候，就是新人新办法，老人老办法，力求改革平稳过渡；同时它也出台了一些方案，比如以对聘用制方式聘用的教师，在没有达到一定的岗位要求，完不成任务时，可以解聘。1993 年的时候，清华和北大就开始推行人事制度改革，而且主要引进的就是竞争和淘汰机制，在 1994 年，清华出台了相应的考核标准，第一个被解聘的是经济管理学院某位教师，其因为没有完成考核任务而被解聘，引起了社会广泛的关注。2016 年湖南大学建筑学院原副教授杨某某和黄某某因未完成考核任务被学校解聘，从而引发行政诉讼。被解聘人的理由就在于应当区分公立大学和教师的聘用关系与干部人事关系，主张公立大学解除聘用意味着有权对相关教师做转岗处理，但是无权解除与教师的干部人事关系。这一纷争就是目前公立大学与教师之间的双重法律关系的体现。总之，改革过渡期间公立大学教师的双重身份使得公立大学教师的法律地位处于非常尴尬的困境。

总之，当我们在确定未来的公共事业单位改革的走向时应该是慎之又慎的，其中绩效不应当成为公共事业改革的唯一目标，具体到公立大学的人事制度改革，必须考虑到大学教师职业的特殊性，以及这种职业所承载的社会使命。

教育法研究要结合中国的教育体制

张　鹏

对于教育法和高校对教师的管理，以前我没有涉猎，对这个领域没有过多地关注。这次我看到这个问题很感兴趣，原因是我自己作为一个教师，有一些感性的认识。

我谈一点个人粗浅的看法。首先，我们的法律规定还有欠缺，比如高等教育法、教师法对教师的权利，学校对教师的管理，解聘、奖惩的规定尚缺乏一些具体的标准。其次，就是教师权利的救济还缺乏诉讼渠道。另外，研究教师的权利也好，找它的边界也好，一定要结合我们国家的教育体制。高等教育法第 39 条规定，国家举办的高等学校实行中国共产党高等学校基层委员会领导下的校长负责制。在研究我们自身有什么权利、有什么边界的时候，要结合校党委领导下的管理体制。

高校对教师管理权"三思"

陈国飞

非常感谢李昕老师和杜强强老师邀请我回母校参会学习。我有三点启发和思考，望和大家分享交流。

第一点，教师具有双重身份。首先，教师作为公民，享有哪些基础性的基本权利？其次，作为一种职业的教师，应享有哪些职业性权利？什么时候该保障教师作为公民享有的基础性的基本权利，什么时候该保障作为职业教师的职业性权利？例如，教师对自己的发型和着装的选择权和决定权，这与教师作为公民的权利有一定的关系，同时也和教师的职业性权利相关，在保护的时候有待进一步精细化界定。

第二点，高校可分为两种，一种是公立高校，另一种是民办高校，这两类高校所享有的权利不尽相同。公立高校与民办高校的关系，能否比照国有企业和民营企业之间的关系？在现实生活中有一些案例，比如一些企业规定员工上班期间不能染头发、穿超短裙，有些高校对其教师和学生也有类似规定。我们为什么要在高校里强调特别权力关系，而在企业里则没有？"教育"的公益性和非营利性，是否为高校区别于企业的重要原因？这是否也是"特别权力关系"适用于公立高校的一个重要原因？若答案是肯定的，那么"特别权力关系"在我国没有普遍适用于民办高校与其师生之间的关系，其原因为何？这些是我想向各位请教的问题。

第三点，高校等"组织"可否对其成员作出严于法律的规定？其权力的界限在哪里？例如，一个企业或高校规定其女职工在职期间不得结婚、生孩子是违法的，这已成为共识；但若规定其内部高管之间不准结婚或师生之间不准谈恋爱却为社会公众普遍接受。这背后的缘由和标准应如何通过法治化的方式来规范呢？

教师管理权限应首先考虑程序规范化

崔俊杰

我们在谈论对教师的管理权限的时候，应该同时关注管理权限的制度化和规范化。然而，程序规范化是管理权限规范化和制度化所不能绕开的议题。

杜老师刚才的思路是希望进一步扩大行政诉讼的受案范围。诚然，行政诉讼确实是一种权利的救济方式，也适用于具有高度司法权威的国家。但考虑到我国的现实情况，特别是行政诉讼法第 12 条的规定，我觉得当下最关键的不是行政诉讼，而是学校内部针对教师的权利救济程序性制度设计。比如，在学校内部，可以考虑成立一个教师惩戒委员会，在行使管理教师的权力的同时，应当有明文的、同行专家参与其中的、能够确保公正的程序性制度设计。被处理的教师应当有基本的陈述、申辩、申诉的权利。在这样一个公正的程序制度之下，如果被处理的教师对处理的结果仍然不服的，可以再通过行政诉讼的方式来解决纠纷，那才是进一步扩大行政诉讼的受案范围的问题。

高校对教师的管理权限
——基于高校教师的权利与义务的角度

刘兰兰

我觉得教师应当依法行使权利，但是权利也不是说无边界的，在履行这些权利的过程中，如果违反法律的规定，或者侵犯他人的权利，当然违反法律，不仅是不当行为，而且是违法行为了。在这里面，什么样不当的行为会引起跟学校之间的关系的解除。在这些权利当中，法律规定是这几类权利，但是我发现在一些部门规章的规定当中又出现了更加细化的，比如人力资源和社会保障部、监察部 2012 年的《事业单位工作人员处分暂行规定》当中有一条规定，抄袭、剽窃、侵吞他人科研成果的行为，属于履行学术自由的不当行为，这也是可以给予处分的。

所以，在行使教师的权利的同时，可能还要注意法律法规对于这些权利本身加以的限制，这些限制在教师法中也有规定，如第 8 条教师应当履行的义务总共有 6 条，看起来一般很少有人研究这些义务，我想义务就是对权利本身的限制。其中，第 1 条是遵守宪法法律和职业道德，宪法法律这些规定必须遵守，违反不仅仅是不当行为，而且是违法行为。另外，我们从科研的学术规范来讲，涉及要规范学术的行为，近几年来中国的学术界也出现了一些学术腐败现象，所以说这种职业道德也是对科研自由的规范和边界的限制。第 2 条是贯彻国家的教育方针，遵守规章制度，执行学校的教学计划，履行教师聘约及完成教师教学工作任务，这是教师法规定的。第 3 条是对学生进行宪法的爱国主义的教育，如法治教育、思想品德、文化科学技术这样方面的一些教育，并且带领学生开展社会活动。刚才张鹏老师特别强调了，现在学校教育领域，是党委领导下的教育体系，对教师的年度考核当中，还专门有一项思想政治的考核，这一点尤其重要。第 4 条是关心爱护学生，尊重学生的人格。这个也是非常重要的，这是属于师德方面的。

所以，我觉得，既然教育法规定了教师的义务，违反这些义务至少也属于不当行为，对第 8 条，我觉得义务方面也是非常重要的。从北京市来讲，2014 年北京市教委发布的北京市属高校学风建设暂行规定当中规定了，各高校对学术不端行为分别进行批评教育、警告、撤职调离教育岗位直至开除。而且将学术规范纳入考核当中，包括抄袭、剽窃他人学术成果，伪造或者篡改文献，捏造事实，未参加创作，但在他人创作上署名，以及其他学术不端行为。这种包含的范围很广，而且是比较严格的学术规范的规定。所以说从地方性法规来讲，至少学术不端的行为，可以纳入高校解聘教师的适用当中。

高等学校教师的法律地位亟须明确

安丽娜

首先，就特别权力关系而言，在德国的实践中，基础关系理论与重要性理论对于特别权力关系的瓦解起到了重要的作用。我国台湾地区延续了德国的路径，"司法院"大法官释字第 380 号解释，同时适用了基础关系理论和重要性理论，确立了法律保留原则在大学法律关系中的运用。

其次，应当在明确高校教师法律地位的前提下来谈论高校教师应当享有的权利。教育的公共性和公益性特征决定了高校教师职业的公众性特征，履行教育教学职责的从业特性决定了高校教师职业的专业性特征。长期以来，高校被视为事业单位，在高校所实行的干部人事管理制度之下，高校教师既不是公务员，也不是普通劳动者，与学校的关系不受劳动法与劳动合同法的调整，更不是自由职业者，在推行事业单位市场化改革的背景下，市场在教育领域介入的程度日益加深，高校教师与其他职业间的差异性在逐步消弭并面临着身份认同的危机。在危机面前，有必要在对高等学校教师的法律地位明确的基础上来界定其权利义务。

最后，关于高校教师的权利救济问题，面对目前高校教师与学校的纠纷难以进入行政诉讼受案范围的境遇，是否可以尝试通过教育纠纷仲裁机制的建立来拓宽现有的仅以申诉为主的权利救济渠道？目前，在学界也有这样的建议，旨在通过发挥仲裁成本低廉、便捷高效的优势，进而更公平、高效地保障争议双方的权益，有效促进教育法律纠纷的解决。

第三期　作为部门宪法的教育宪法

一、沙龙简介

（一）参加人

主持人：李　昕　首都师范大学法律系教授

主讲人：郑贤君　首都师范大学法律系教授

与谈人：姚国建　中国政法大学法学院教授

王　锴　北京航空航天大学法学院教授

柳建龙　中国青年政治学院副教授

兰燕卓　首都经济贸易大学法学院助理教授

荣利颖　首都师范大学教育学院副教授

何　颖　首都师范大学教育学院助理教授

刘兰兰　首都师范大学法律系助理教授

安丽娜　首都师范大学法律系助理教授

崔俊杰　首都师范大学法律系助理教授

马宇飞　首都师范大学法律系法学博士

（二）内容概要

我国宪法序言确立的文明与民主、富强并重的发展方针，加上总纲规定国家发展教育事业、加强精神文明建设，以及受教育权利和义务，构成教育宪法的规范依据。教育宪法的渊源分为形式意义和实质意义两种：前者为宪法规范,后者为教育行政法律以及包括教育行政法规和部门教育规章在内的规范教育法律关系内容的规范性文件。受教育权、基本权客观化形成的制度性保障、组织和程序功能、国家保护义务及第三人效力构成教育宪法的内容。德国基本权利双重属性理论之所以提供对教育宪法内容界定的借鉴,而非机械移植或者照搬,盖因宪法"纲领"的存在。宪法基本权利一章的受教育权属于主观权利,个人可向国家主张;纲领对教育事业等的规定赋予受教育权以客观价值属性,对法秩序提出了要求,要求立法贯彻。而教育宪法的核心始终在于受教育权保障,即完成人格塑造,提升个人能力,参与社会生活。

教育宪法兼顾受教育权与国家教育事业,须平衡二者之间的关系。对个体而言,受教育权攸关人性尊严与个性塑造;对国家而言,教育为百年大计。

二、主讲人发言

作为部门宪法的教育宪法

郑贤君

欢迎大家的到来,非常高兴能有机会一起探讨教育宪法的问题。受李昕教授启发,以"作为部门宪法的教育宪法"为题目比较合适。因为作为部门宪法在此之前有所探讨,我在 2003 年曾经跟我们宪法学界两位著名的教授一起写过一本宪法学专题研究的书,那本书里面涉及经济宪法、文化宪法、社会宪法。之所以敢提出经济宪法、文化宪法、社会宪法,主要是基于自己对宪法的理解。因为古典宪法是一种消极的宪法,这种消极宪法主要是致力于调整政治生活,规范政治的运行。之所以是一种古典宪法,又叫自由主义宪法,或者消极宪法,是因为这个宪法中政府只是担任着一个"守夜人"的角色,不是"无所不治"的。

1919 年《魏玛宪法》,标志着现代宪法的诞生。现代宪法是国家权力积极扩张的结果，国家权力深入传统的私人领域里。按苏永钦的话说，部门宪法一方面是政治宪法的扩张，宪法跳出了原来的政治领域，从对政府行为的控制、规范和调整，开始进入私人领域；另一方面又出现了宪法碎片，或者叫宪法凌迟，把宪法割裂了，所以在政治宪法之外又出现了经济宪法、文化宪法、社会宪法、劳动宪法、军事宪法、财政宪法，等等。

现在到底有多少部门宪法呢？主要有政治、经济、社会、文化、国防、财政、少数民族、劳动宪法，或者是传播宪法、科技宪法和环境宪法，等等。教育宪法的提出不仅仅因学科的发展，而是对应着现实问题，如何整合这种同时出现的宪法扩张的现象而出现的。具体的问题在于，第一是它如何平衡自由与平等之间的关系。因为政治宪法主要是自由，这种自由主要是防御自由，而积极宪法就是属于部门宪法，它的主要理念是平等。比如说经济宪法主要是劳工关系，社会宪法主要提供社会保障、社会保险、社会救助，教育宪法是平衡平等的理念。第二是平衡受教育权与教育事业之间的关系。根据宪法第 19 条规定，国家发展社会主义的教育事业。教育基本法就是我们国家的教育法，教育基本法，又叫作教育基准法，它提出的也是发展社会主义教育事业，因为受教育权是个人的，教育事业是国家的。第三是平衡个性发展与国计民生。教育是一个人的社会化的过程，但是作为一种制度，作为一种政府提供的职能，特别是现在政府提供的教育职能，主要是促进国计，就是教育百年大计。而民生也有一个教育产业化，有一个经济目标的指向，所以主要是为了平衡两者之间的关系。

行政法已经优先走在前面了，无论在意识上、行为上，还是在观念上，行政法学界关注教育法制及其相关问题。宪法研究也应该关注社会的发展和学科的发展给我们带来的冲击，及时用宪法理论去回应发展和变化，平衡自由和平等的关系、受教育权与教育事业以及个性发展与国计民生之间的关系。

其一：教育宪法摆脱对文化宪法的依赖

教育的理念是个性与尊严充分发展，文化是自律、自足与自我生长，服从自治。这构成了教育宪法与文化宪法的本质差异。

第一，先说一下文化国。文化政府是公权力深入私人领域，占据了所有私人领域。早期依附于文化宪法的教育宪法，实则有赖"文化国"的出现，国家权界过宽之故，是国家干预私人生活的结果。严复对这个问题非常有见地，他在1902年的时候写了一本《政治讲义》，对其中的有些理论洞悉深刻。他提出了几种国家形态，如兵政府、商政府、刑政府、警察政府、文化政府（文化国家）。严复洞悉此变，指出当日游学英伦之时，适逢"政府风气所趋，则大主干涉主义"。并对国界过宽提出质疑，"教化政府有当否耳？"他说，向来政府但求为政府之治，政府的职能只能求得社会的安宁和对外的安全，警察维持秩序，军人保家卫国。境宇安宁，居民无忧就可以了，其余的事都应该让社会自己去办，自己去思索，自己去从事。"即为至足，其余一切，宜听社会自谋，无取为大匠斫乎？"

但是这个文化国不管是否反对，还是出现了。民国时期孔子入宪，儒教尊为国教，韩国宪法也有关于文化条款，教育生活开始公共化，设立公立教育，公民享有受教育权。"二战"之后，联合国国际人权文献在1966年正式承认受教育是国家的义务，加上魏玛宪法，至此可以说教育宪法已有独立之态，脱离了对文化的依附自成一体。

第二，教育职能的部门化。教育职能的部门化是教育宪法脱离文化宪法的原因。以什么标准来划分部门宪法的存在呢？一是独立部门或者实存秩序。现在宪法除规范政治生活以外，对教育生活进行调整已经成为政府主要的职能，作为一个实存的秩序也可以确认它作为部门而存在。二是教育科学。教育科学与其他社会科学一样成为一门精良的科学，有独立的研究对象、研究方法、研究范围。三是现实发展。现实发展是教育作为百年大计，对国运的发扬、文脉的传承，民族精神的发展都有着重要作用。德国宪法特别谈到教育不仅传承民族文化遗产，而且塑造民族精神。这些都可以作为它独立出来的原因。此外，教育与文化分享不同的价值。文化在于追求共同体共同的价值认同，但是教育宪法有独立的目的，这是教育职能部门化的具体体现。

第三，教育的目的是育人，教书育人主要是一个促进个人的社会化过程，但其具体人的内涵也因国而异。教育跟文化不同，我们说文化在于分享传承价值，教育主要在于传授知识、技能、方法，目的在于人格塑造，实现个性的全面发展。文化是传承价值，教育主要是育人，它们有重叠的地方，也有不同。人格塑造和个性的全面发展是教育的目的，并以此与文化宪法相区分。对于什么是人的问题，刚才所说因国而异，杜威在《民主主义与教育》一书中提出四种对人的不同理解。一是柏拉图式的阶级教育，二是卢梭的个人主义贵族式教育，三是纳粹的国家主义教育，四是杜威的无目的式教育，即民主主义教育。柏拉图认为人的禀赋有别，教育目的在于发现人的潜能，循序渐进地加以改进，逐渐地适应社会。在 18 世纪由于自然权利和个人主义的盛行，卢梭认为教育应该充分地强调个人的理想以及个人的自我实现。20 世纪纳粹时期国家主义至上，为了让个人服从国家的需要，教育的目的是把个人塑造成公民，让其作为整个国家机器的零件。对于杜威的无目的教育，教育学家祁尔德将杜威的目的阐释为"民主的生活方式"和"科学的思想方法"。这就是社会化，就是人的具体内涵。我主要从这一点把教育和文化区别开，两者虽有重叠但目的殊异，这也是把教育宪法从文化宪法当中独立出来的一个重要原因。

第四，教育宪法的理念是尊严。教育的理念在于促进个性的全面发展，而文化的价值在于自治，促进文化的自我生长与自我发展。这是教育宪法脱离文化宪法的本质属性。早期，有关福利涉及的教育、住房、医疗被认为属于实质平等的内容，并不关乎尊严。"二战"之后，《联合国宪章》以及《公民权利和政治权利国际公约》和《经济、社会及文化权利国际公约》始将尊严作为基本权利的法理。特别是作为社会权的 A 公约对于尊严的承认，赋予教育权与其他社会权利同样的尊严属性。该《经济、社会及文化权利国际公约》第 13 条规定："……教育应鼓励人的个性和尊严的充分发展，加强对人权和基本自由的尊重，并应使所有的人能有效地参加自由社会，……"这使得单纯以平等或者自由作为教育宪法的法理单薄化。尊严理念不排除自由和平等。自由指不受国家的非法干预，自由选择，其意在于抵制政府专断，比如，选择在家教育。平等指国家平等对待，一视同仁。比如，拒绝流动人口子女和农民工子女入学就是没有贯彻平等对待。

独立的理念、目的、教育职能部门化使教育法律关系明显区别于文化法律关系，成为教育宪法须独树一帜的客观原因。

其二：教育宪法的目的

第一，平衡受教育权与教育事业的冲突。教育宪法的核心是受教育权保障。这是因为，权利是个人的，但作为国计民生，教育事业是国家的。这两者之间存在一个矛盾。教育宪法的主旨以受教育权保障为核心，具体主要体现在两个方面。一是权利义务一体，这跟古典自由不同。在总体上，受教育权是一种积极自由，特别表现在义务教育阶段。在义务教育阶段，国家伸出援助之手，以免费并且强制的教育为表现形式。这意味着受教育权不能按照自由主义的宪法解释方法来认识它的内涵，因为它兼具自由和利益的双重属性。国家既不能干预教育自由，同时也必须制造条件促成受教育权的实现，义务教育阶段尤其明显。二是受教育权教育方式和教育内容方面受到一些限制。其一是教育方式的限制。义务教育阶段在家教育受到限制，须接受国家的监督。《经济、社会及文化权利国际公约》第13条第4款规定："本条的任何部分不得解释为干涉个人或团体设立及管理教育机构的自由，但以遵守本条第一款所述各项原则及此等机构实施的教育必须符合于国家所可能规定的最低标准为限。"其二是教育内容的限制。不得发表颠覆国家的言论；不得煽动民族仇恨；不得淫秽色情、侮辱诽谤他人、散布恐怖主义等内容。这些限制须在分析手段与目的关系的前提下，权衡利弊得失，判断国家利益与个人权利的优先性，适当取舍，选择给予何者优先保护。其三是受教育权与其他权利之间存在一些冲突。首先是受教育权与宗教信仰自由冲突，公民在行使宗教信仰自由的权利时不能用宗教损害公民身体健康，妨碍国家的教育制度。其次是大学自治与讲学自由的冲突。最后还有学校自主处分权与受教育权的冲突，表现为大学的惩戒权。这个包括学校与老师之间、学校与学生之间，等等。

第二，受教育权与教育事业之间的冲突。主要问题在于教育事业的推进不得影响个体的自主选择。

第三，平衡受教育权与教育产业化的冲突。教育可以拉动经济增长，刺激教育方面的消费。教育规模的扩大，招生的扩大，基础设施建设可以激活原材料市场，以及其他各种市场。受教育权意味着接受高质量的教育权利，但是在不增加教育投入的情况下，片面地扩大招生规模，导致教师欠缺，设施不足，师生比例不当等一系列影响教育质量的重要问题。因此，不可片面提教育产业化。

第四，平衡教育自由与教育平等之间的关系。教育平等和教育自由的关系非常复杂，两者之间的冲突贯穿在各个教育阶段。总体来说有三个问题：（1）义务教育阶段同样有教育平等问题，平等意味着对于同样的人要同样对待，如果差别对待，就是对教育自由的伤害。（2）在家教育的问题，在义务教育阶段，父母或者监护人对孩子的教育有选择权，这就是教育自由。这里不意味着义务教育就是单纯的教育平等，还涉及个体的自主选择问题。（3）高等教育阶段也存在教育平等。高等教育阶段存在着一个国家和学校之间的问题。例如，对于同属于公立学校的拨款存在差异，这本身就是不平等的对待。另外，招生名额的分配问题还有高考分数线，这些都涉及地区平等。自由和平等贯穿于整个教育过程始终。

其三：教育宪法的内容

教育宪法涉及的内容较多。首要的问题是如何确定教育宪法的内容？这个可以借助德国主观权利与客观价值的分析工具，但不可机械地借鉴和移植。主要是源自基本权利的双重属性，基本权利既是主观权利，也是客观价值。由于我国宪法总纲可以作为一个价值或者原则存在，这就为发展教育事业提供了根本法依据和原则指导。

第一，受教育权作为主观权利，或者作为个人权利，具有不同的法律关系。作为主观权利，受教育权是个人向国家提出的主张，要求国家一视同仁，当个人受教育权受到公权力侵害的时候能够寻求救济。

第二，制度性保障，确立高校的法律地位。制度性保障是部门宪法所倚重的概念。制度性保障是德国施密特提出来的概念，与基本权利不一样，比如说大学自治、地方自治是作为制度性保障。所谓基本权利，指的是人之为人的权利，像生命、自由、财产，先于国家，高于国家。而制度性保障是作为一个制度，由于其对国家发展具有至关重要的作用，所以要予以保障，教育就是如此。教育在整个发展中的重要作用即作为一个制度保障，大学自治即为保障机构的自由，这跟个人权利的基本自由有很大的不同。教育制度性保障主要确立大学自治，当然，大学自治在我们国家到底有什么样的内涵还有很大的探索空间，但是必须明确大学自治是作为一个机构予以保障。而我国宪法总纲规定的"国家发展社会主义的教育事业"为发展高等教育提供了保障大学自治的根本法依据。

第三，教育机构的设立。德国法上有组织和程序功能，这也是由基本权利客观化所导致的。什么是组织和程序功能？比如，对人身和自由来讲，单讲基本权利免受国家侵犯是不够的，还需要警察和法庭这些组织机构。比如说，个人要抵制私人之间的侵权，需要警察抓小偷，到法院起诉，还要诉讼法保障，所以叫组织和程序性保障。这既是由基本权利的客观化所导致的，也是因为权利保障不能只是防御性的、事后的和修补性的，既需机构也要提前介入。就教育宪法而言，教育要兴办学校，这就是机构。除要制定法律外，还要提供设备，编教材，拨付资金，配备师资和人员，这些属于机构保障。教育法规定了国家的基本教育制度，包括义务教育、学前教育、初等教育、高等教育、民办教育、继续教育；还有教师法，以及学位条例、职称条例、图书馆建设等，这些都属于机构和组织保障。

第四，国家保护义务，界定受教育权的内容、核心与界限。积极宪法要求权利保障不仅是抵御公权力的侵犯，还需要国家主动保护。基本权的客观化产生了基本权的国家保护义务，就受教育权而言，国家负有责任制定法律限制私人侵犯个人受教育权。高等教育法、教师法、职业教育法等，既是教育宪法的立法形成，也是贯彻国家保护义务的体现，需要立法机关在具体法律关系内贯彻、落实受教育权这一客观价值。从形式上看，这部分法律包括法律、行政法规、部门规章。从内容上看，这部分规范包括受教育、学位、职称、教师资格、语言文字、图书馆。从性质上看，既包括公立教育，也包括民办教育；从国别上看，既包括国内教育，也包括国际教育和中外合作办学。从教育层级上看，包括学前教育、义务教育、初等教育、高等教育。从教育种类看，包括非职业教育与职业教育。此外，尚有民族教育、特殊教育、继续教育、老年教育等。虽然国家保护义务不同于立法形成，前者在于国家制定法律禁止私人之间相互侵权，立法形成的重心在于由立法机关确定权利内容，明确具体法律义务关系，但是，它们的共同之处是由立法机关承担立法义务，并且承担充分立法义务。因此，对抗国家的防御自由适用"禁止侵害过度"，而国家保护义务的积极自由适用"保护不足"审查。

受教育权的国家保护义务是在刑法中明确对受教育权的罪名和刑罚，在其他教育立法中提供对平等主体侵害受教育权的立法保护。这一过程具体通过立法形式实现，立法机关通过制定各种教育法律，界定受教育权的内容，确立受教育权的核心，明确各种教育法律关系即权利义务关系的内容，包括国家与个人、国家与学校、学校与教师、学校与学生、家长与子女之间的教育法权利义务。

基本权利的客观化导致水平效力，私人之间须贯彻基本权利价值，私人不得侵害受教育权。义务教育法的内容体现了受教育权的社会功能。义务教育要求父母或者监护人确保子女接受强制教育。子女不是父母的私产，父母须保证子女接受义务教育，确保未成年子女受教育权的实现。义务教育法第5条第2款规定："适龄儿童、少年的父母或者其他法定监护人应当依法保证其按时入学接受并完成义务教育。"第11条第1款规定："凡年满六周岁的儿童，其父母或者其他法定监护人应当送其入学接受并完成义务教育；条件不具备的地区的儿童，可以推迟到七周岁。"

结　语

最后，还是回到作为部门宪法的教育宪法这个主题上来。不论是受教育权保障还是国家的教育事业，宪法都只是提供了一个结构法的特征。什么是结构法呢？这涉及对何为宪法的理解。正如美国宪法学家约翰·哈特·伊利著的《民主与不信任：司法审查的一个理论》一书所认为的那样，宪法并不规定实质内容，仅仅是关于政府结构和程序。宪法只是确立了成立国家的基本原则，奠定了建立国家的基本结构及国家权力。对于教育宪法来讲也是如此，宪法的受教育权保障、教育事业、精神文明事业、教育制度，宪法只是提供了一个规范架构，具体由立法机关规定，所以我们国家才有相应的教育法律法规。立法机关界定各种各样的教育法律关系，包括个人与国家，国家与学校，学校与教师，教师与个人，父母与儿童，个人与社会之间等教育法律权利义务关系。教育宪法始终保持这样一个结构，需要立法机关不断完善教育立法体系。

三、与谈人发言

部门宪法的构建与基本权利的客观法性质

王 锴

部门宪法最早源于德国，但是德国并没有对什么是部门宪法下过定义，也没有去讲如何构建部门宪法，好像很自然而然地就开始做了。其实从方法论的角度去反思部门宪法是在我国的台湾地区，在苏永钦教授的带领下对为什么要去建立部门宪法以及如何去建立部门宪法进行过比较深入的探讨。2015 年在北航召开"部门宪法的理论"的会议也试图就部门宪法的内容以及如何构建部门宪法在国内达成共识。当然在此之前，很多学者已经开始了部门宪法的研究，比如厦门大学的刘连泰教授和中南大学的周刚志教授就主编出版了部门宪法的丛书。我感觉，部门宪法的出现以及得到一些学者的支持，预示着中国宪法学开始从宏观抽象的宪法总论研究走向更加深入具体的宪法分论的研究，也是宪法发挥统合部门法作用的开始。

我特别赞同郑老师刚才说的，部门宪法产生的背景就是国家介入社会领域。因为国家原本只局限在政治领域，当时只有政治领域是公共领域，而像经济、文化、教育、宗教，这些原本都属于私领域，属于社会自治的领域。所以最早产生的部门宪法是政治宪法，因为宪法最初只是规范政治领域、政治权力的，当然这是在自由法治国时期。后来，随着社会法治国的出现，国家为了维护社会公平、为了解决社会自身无法解决的一些问题，开始干预社会，介入经济、宗教、文化、教育等各个原本由社会自治的领域，从而出现了经济宪法、宗教宪法、文化宪法、教育宪法等更多的部门宪法。如果没有国家对社会的介入，就没有部门宪法或者说就只有政治宪法。所以，如果说政治宪法具有何种规范意义的话，就是指以政治作为调整对象的宪法，当然这与用政治（学）的方法去研究宪法是不一样的。

部门宪法的产生除了有国家介入社会的背景外，还有一个很重要的宪法规范上的背景（部门宪法根本上还是规范宪法，它是以调整各个社会领域的宪法规范为出发点的）。我们知道，不论是德国还是我国台湾地区，包括大陆，之所以部门宪法能够成立，就是因为在宪法里面有一种非常特殊的规范。这种条款实际上跟基本权利条款、国家机构条款都不一样。基本权利条款德国把它称之为国家目的，至于国家机构条款，一些学者认为属于宪法法（Verfassungsrecht）的内容，而非宪法（Verfassung）的内容，因为它是针对政府的组织法，而非针对国家的构成法。从国家法的角度，宪法最重要的内容就是基本权利和国家目标。那么，基本权利所代表的国家目的跟国家目标的区别在于，国家的目的是要正当化国家的存在，因为国家不能自成目的，国家最终是为了人，而人格的体现就是人的各种权利。所以我们说，国家的存在是为了保护人的权利。但是，如果说国家目的指向的不是国家，是某种外在于国家的东西，那么，国家目标却是指向国家自身的，是国家未来的发展方向。比如说德国今天承认，德国的国家目标主要有五个：法治国目标，社会国目标，文化国目标，环境国目标，和平国目标。如果说法治国目标只是国家在政治领域的目标的话，那么，社会国、文化国、环境国、和平国则分别预示着国家在经济、文化（德国的文化是广义的，包括宗教、教育、艺术等）、环境乃至国际领域的目标。由此可以说，国家目标就是部门宪法产生的规范来源。同时，在国家目标出现之后，马上就面临如何具体去落实这些目标的问题，这就产生了所谓的国家任务。比如，要落实社会国目标，国家要从哪些方面去做，要进行社会救济、社会福利，等等。这些国家任务是针对所有国家机关提出的，其中也包括立法机关，产生了所谓的立法委托，由此就出现了大量的以实现国家目标、履行国家任务为内容的部门立法，比如经济、文化、环境乃至国际方面的立法，这些立法使得部门宪法的内容得以贯彻。因此，国家目标跟国家任务还充当了一个部门宪法跟部门法之间的桥梁作用，这使得部门宪法的内容离不开相关的旨在贯彻部门宪法的部门法。从这个意义上讲，部门法就是为了贯彻部门宪法而建立的。比如，教育宪法为什么会包括教育法的内容，因为教育法是对教育宪法的实施和具体化。所以，部门宪法中的"部门"，事实上是指不同的社会领域，但规范上是指不同的国家目标和国家任务。

但是问题就在于，部门宪法有它存在的必要性，也有一个很大的危险，因为国家要介入社会领域的话，很可能会导致社会自治、个人自由的完全丧失，最终可能就是国家取代社会。这就是为什么基本权利必须在部门宪法里面占有一个位置，从宪法规范上来讲，部门宪法必须是调整某个社会部门的宪法总纲条款和基本权利条款共同组成的。因为基本权利是私领域的防火墙，它要保护那些最核心的社会领域国家不能进来、不能介入，要保护国家目标、国家任务的实现不能违背国家目的。可以说，基本权利为部门宪法的发展划定了边界。

另外，我有一个问题想请教郑老师。您刚才讲到基本权利的客观法属性对于教育宪法包括对部门宪法的构建有非常重要的作用。基本权利的客观法属性在德国似乎是一个通说，但是我发现其实学者的理解也不太一样，我发现至少他们有两种理解方式：一种理解方式是把基本权利当成一个价值，就是权利是一种"主体—客体—内容"的三重构造，而价值是剥离了权利的主体、客体后剩下的内容部分，从而把一个原本只是公民针对国家享有的要求某某的权利变成了一个人人都要尊重的关于某某的价值。权利变成价值之后就变成没有明确指向的，变成所有人不管是国家还是私人都得去尊重的东西。这就为基本权利的第三者效力乃至基本权利的保护义务（即国家应当保护某人的基本权利受到其他私人的侵犯）提供了理由，从而使得宪法的精神可以渗透到私法的领域。另一种理解方式是认为所谓的客观法是指权利所在的法条，也就是说区分基本权利和基本权利条文。基本权利蕴含在基本权利条文中，但并非每个宪法条文中都存在基本权利，权利是从法条中解释出来的。就像德国讲的保护规范理论一样，一个法条里面有没有蕴含主观权利，必须看该法条的目的是不是在保护个人的利益。假如说是在保护公共利益，就解释不出来主观权利。就像《城市人民警察巡逻规定》规定警察应当上街巡逻，但从这个法条中能不能解释出来一个老百姓要求警察巡逻的请求权，就解释不出来，因为警察巡逻不是为了保护哪个特定的人，是为了公共利益。人民警察法还规定了警察见到人民群众的生命财产受威胁的时候应当立即救助，这个法条里面保护目的就不是为了公众，是为了那个生命财产受到威胁的特定的人，这样就可以以此从中解释，你受到威胁了以后享有向警察求助的权利。这样一种理解实际上是在区分权利和法条，是在区分个人利益和公共利益。那么像基本权利客观法功能中的制度性保障、组织程序保障，这里的制度以及组织程序讲的都是法条，而不是权利。所以，制度性保障和组织程序保障是讲国家如何通过立法（法条）来保障某些基本权利的实现，这与之前的第三者效力、保护义务的旨趣是不同的，不知道您是在何种意义上谈论基本权利的客观法性质的？同时，国家目标和基本权利虽然都是部门宪法必不可少的内容，但是它们对于部门宪法的构建的作用是否相同？比如既可以从受教育权中导出国家立法的义务，也可以从文化国的目标中导出国家立法的任务，这两者对国家的约束力是否相同？

重视公民受教育权保护的程序建构

兰燕卓

刚才郑老师的发言给我的启发特别大，其中郑老师谈到了一个特别重要的命题，就是关于受教育权的保障。李老师有篇论文就是《论受教育权在行政诉讼中的确认与保障》。我研究的方向是行政法，所以我从行政法的角度谈一下对受教育权保障的理解。伯克利学派的诺内特和塞尔兹尼尔指出，法律的三个类型，分别是压制型、自治型以及回应型。对第一种类型压制型的定义和理解，就是当社会公共资源不足的时候，可能会放纵更多的裁量权，以实现行政的权威。第二种类型是自治型，更强调的是通过对法律制度的建构，设计出一套专业化的、精巧的法律制度，来保证法律的自洽性。第三种类型是回应型，也是这个学派认为比较好的一个改革的方向，期待法律环境更加有弹性、更加开放。

无论对哪一个形态的探讨，都有一个内核，比如自治型特别强调对合理公开的程序的建构。所以我的观点是，从行政法的角度来讲对受教育权的保障，程序价值非常重要。关于其他问题我们已经有了非常多优秀的成果，比如关于大学自治、关于大学章程。除此之外，程序的价值特别值得强调。就行政诉讼的案例来讲，可以得到一个基本比较清晰的价值判断，司法实践当中程序在几个典型案例当中起到了非常重要的作用，如刘燕文案、于艳茹案。重视程序价值对于受教育权的保护，有几个作用。第一个好处是对于大学自治的一种尊重和保障，不是一种限制。第二个对于学生的基本权利具备保障作用，包括告知、说明理由、陈述申辩等。第三个，非常重要的一个价值就是可以帮助我们去厘清在受教育权领域，行政诉讼司法审查的边界在哪里。

所以，就行政法上对受教育权的保障而言，程序的建构和强调是一个值得重视的路径。

教育宪法研究对受教育权平等保护的实践价值

何　颖

有关宪法中有关教育的系列规定，个人认为，核心不是国家发展教育事业的相关条款，而是宪法第 46 条对受教育权的保障。这或许是整个教育宪法体系的逻辑起点。关于受教育权，不管在部门法层面上讨论还是宪法层面上讨论，都需要回到教育本身的特点来认识，离不开教育学的维度。教育是一项促进人的发展的工作，而人的发展存在个体差异，而且这个差异能够非常大。因此，无论是从政治哲学的角度，还是从法律的角度，当我们讨论教育平等的时候，都应当认识到这个领域的平等会跟其他领域的有差异。其他领域的平等和自由，有时可能会形成一对具有张力的关系范畴，在一定程度上此消彼长。但是在教育领域上，自由和选择是平等的题中之义。因为在教育中，每个人只有在具有选择，而非接受同一性的教育时，才能获得与个人的兴趣爱好和能力特点相适应的成长。因此，在教育领域讨论平等和自由的问题，具有相较于其他领域而言更复杂的关系。

以在家上学来说，如果简单从国家公民有受教育权利义务这件事情来说，我们可以简单地说，如果没有将孩子送进义务教育的学校接受教育，是违反了义务教育法的规定。但是，如果从宪法规定国家保障受教育权利和受教育权本身的特质来说，学校教育的同质性，确实有的时候没有办法满足每个孩子成长的要求，那么就需要考虑是不是能够以更具有弹性的方式体现国家对受教育权利的保障。总之，就是在法律层面上讨论教育的平等问题，尤其是在基础教育阶段，需要考虑到人的发展不是平等和自由的简单对弈。从这个角度而言，以教育部门宪法的理念来统筹教育法律体系，以宪法对受教育权和人权的保障为教育法治过程中问题处理的原则，或许能够更有益于回归人的发展，"升级"对受教育权平等的理解和保障。

教育自由应以遵守国家法律为前提

马宇飞

任何国家的教育自由都存在必要的限制。教育自由权涉及人的思想自由，是否可以无限大，我们需要进行文本上的思考。实际上，教育自由或教育中内含的思想自由在两个人权公约里面已经规定了，所享受的自由权利是要受到国家的法律限制，由法律规定。根据《经济、社会及文化权利国际公约》第 13 条规定，人人有受教育的权利。缔约国公认教育应谋人格及人格尊严意识之充分发展，增强对人权与基本自由之尊重。缔约国公认教育应使人人均能参加自由社会积极贡献，以促进各民族间及各种族、人种或宗教团体间之了解、宽恕及友好关系，并应推进联合国维持和平之工作。第 4 项在谈论教育之自由时，就强调了个人或团体设立及管理教育机构之自由，但以遵守本条第一项所载原则及所实施的教育应符合国家所定的最低标准为限，即教育自由应以遵守国家宪法和法律规定为限。虽然根据《公民权利和政治权利国际公约》第 18 条第 1 项规定，人人有思想、信念及宗教之自由。第 19 条规定人人有发表意见自由之权利。但是在第 15 条第 2 项规定任何人之行为或不行为，于发生当时依各国公认之一般法律原则为有罪者，其审判与刑罚不受本条规定之影响。可以说，该公约在权利的宣示同时，也对权利进行了限制，即不得违反行为人所在国的法律限制。

国家教育自由应以遵守该国的法律为前提，这在一些国家宪法中亦有规定。《德国宪法》第 5 条第 3 项规定，艺术与科学、研究与教学均属自由，讲学自由不得免除对宪法之忠诚。第 7 条更是明确规定，整个教育制度应受国家之监督。法律有权对滥用自由权利的行为进行限制和惩罚。《德国宪法》第 18 条规定，凡滥用言论自由，尤其是出版自由（第 5 条的第 1 项）、讲学自由（第 5 条第 3 项）、集会自由，等等，以攻击自由民主之基本秩序者，应剥夺此等基本权利。作为高等教育非常发达的德国，在德国宪法里面已经规定了教育自由的限度是哪里，即不准、不能攻击自由民主之秩序。国内法人的基本权利也自此限制之列。

作为法国宪法序言的《人权宣言》中也对人的思想传达的限制进行了明确的规定。根据《人权宣言》第 11 条所指出的，自由交流思想与意见乃是人类最为宝贵的权利之一。因此，各个公民都有言论、著述和出版的自由，但在法律所规定的情况下，应对滥用此项自由负担责任。可见，在法国，这一古老的西方教育大国，教育所涉及的言论，论著与出版的自由，思想与意见传达的自由同样存在法律的界限，受到国家法律的约束。在法律规定的责任之外，教育自然是有着充分的自由空间。

一般的教育受到法律的限制，甚至在国外，宗教的教育同样不能脱离法律的约束，没有绝对的不受任何约束的自由。《德国宪法》第 7 条第 3 项规定，宗教教育在不妨害国家监督权之内，才可享受宗教教育自由权。

中国的教育自由同样应以宪法和相关法律规定为标尺。遵守法律具体化的文本表述，在此不多赘述。大家在强调教育自由权的同时，不应忽略权利与义务的共生性。这也是我们思考教育或教育自由限制应关注的问题。我国宪法第 33 条第 4 款规定，任何公民享有宪法和法律规定的权利，同时必须履行宪法和法律规定的义务。对如何平衡权利和义务之间的关系宪法作了明确规定，公民在享受自由的同时也一定要受宪法和法律的约束。同样，在公民享有受教育权，教师在实施教育行为的同时，必须受到宪法和法律的限制，这既是权利也是作为中华人民共和国公民自身的基本义务。

综上而言，教育自由权一直存在宪法和法律的限制。无论是国内，还是在国外，教育自由权实际上在宪法里面是有明确规定的，有着法律界限，而不能仅仅是从客观权利或者主观权利上说的自由。

教育目的应该对国家、社会和个人都是有益的，教育应该有助于维护世界和平秩序。这是教育存在的公利价值，而不是私利的追求。试图去破坏国家或者社会秩序的平衡而实现所谓的教育自由权不是我们所期望的，更不是法律所允许的。

宪法中的教育政策及其作用

刘兰兰

我今天来参加这个讲座专门又重新拜读了一下郑老师编写的《宪法学专题研究》一书，尤其是当中关于文化宪法的部分，以及郑老师写的那一篇《社会宪法与社会法——公私法融合之一箭双雕》一文。今天这个讲座也给了我一个学习宪法的机会。我在学习过程中有两个认识。

第一点认识是关于教育宪法的含义。郑老师和各位老师们之前都说了，古典宪法被视为政治宪法，主要是规范国家政治生活。但随着国家公权力对经济、文化等私人领域活动干预，宪法也开始深入社会生活的诸多领域，因此，出现了调整经济、社会、文化生活、社会保障、环境保护、教育的经济宪法、社会宪法、文化宪法、环境宪法和教育宪法等部门宪法。我对教育宪法的理解就是存在于宪法总纲或者是宪法文本当中的，或者是其他部分，调整教育领域活动，或者是以国家教育政策与教育基本权利有关的宪法规定。根据这样一个基本的含义，我发现在宪法当中，一些宪法条文直接规定了和教育相关的原则、政策以及教育权利。

刚才郑老师讲到的宪法第 19 条，主要讲的是我们国家的教育事业的设置。第 20 条讲的是国家发展的自然科学，社会科学的事业，普及科学和技术知识，还有国家培养社会主义服务的各种专业人才。第 24 条规定国家通过教育加强社会主义精神文明建设，进行各种爱国主义、集体主义和国际主义、共产主义的教育。第 46 条是受教育权条款，第 47 条是学术自由条款，这是两个基本权利的条款。

另外，我发现还有两个条款老师们没讲到，一个就是第 36 条关于宗教信仰自由的条款，在这条第 3 款有一个是不得利用宗教妨碍国家教育制度，这是我们基本的教育方针。虽然宗教信仰是一项基本权利，但是宗教和教育领域是不能混淆的，宗教不能干预国家教育方针政策。所以我觉得这也是一个基本的教育原则。另一个是第 45 条，社会保障的权利，这一条的第 3 款讲的是国家和社会帮助安排盲、聋、哑和其他有残疾的公民的劳动、生活和教育。所以我觉得这部分可以算是特殊人群的受教育权。尤其是在我们国家平等权的条款当中，对于禁止歧视的事项没有包含残疾，所以对残疾人的受教育权规定在第 45 条中就尤其必要了。在基本权利的部分，第 45 条明确规定了残疾人的受教育权，这一条从形式上补充了我国的教育类型，从内容上也充实了受教育权的保护方位。

这两点我觉得也是跟教育有关的。所以说这是我对教育宪法在宪法文本当中位置的理解。

第二点认识是关于郑老师谈到的在总纲当中有关教育政策的一些作用。总纲当中有关教育的规定，我觉得可以认为是我国的教育国策以及教育的基本政策。而关于教育基本政策的作用，我认为主要有以下几个方面。

第一个作用是决定我们国家的教育方针。我们国家是社会主义国家，发展社会主义教育是我们国家的基本任务，这些规定也明确了社会主义教育的内容。

第二个作用是设置我们国家的教育制度，我们国家实行的是义务教育、高等教育、职业教育、学前教育等各种不同领域、不同阶段的教育制度，这点在第19条中有明确规定。

第三个作用是明确实现我们国家根本任务的方式。宪法序言规定推动三个文明协调发展，建设富强、民主、文明的社会主义国家。序言这部分的文字在第24条被具体化，国家强调教育是建设社会主义精神文明的重要途径，通过教育来加强社会主义精神文明建设，所以说教育本身是实现国家根本任务的方式。

我在王锴老师的《论文化宪法》的文章里面读到一个例子，讲的是一个中学老师在授课的时候，宣扬专门利己，这显然有悖于我们主流的价值观，教育局要解聘这个老师。在原告诉教育局的案件中，法院判决的时候有这样一句话：判决认定教育局有权对他不符合国家教育主流方向的言论进行规范和约束。这说明，在司法实践中，法院已经出现了"不符合国家教育主流方向的言论"这样的裁判逻辑。义务教育阶段的教师教学必须严格按照国家教学大纲要求，但如果是一个高等学校教师在专业领域内教授某一个非主流的学术观点，法院对此应该怎么运用法律来规范教师的行为，这点我也是非常关注的。

对部门宪法的浅显认识

安丽娜

我们今天谈论的主要是部门宪法，是一个新近兴起的话题。

首先，看到部门宪法时我们应该探讨宪法与部门、宪法与部门法、宪法与部门宪法的关系。我们在刚刚入学的时候，一般大一都开设宪法课，讲到宪法时通常会首先强调其根本法的地位，其次强调宪法与其他部门法的关系，说它是其他部门法制定的依据，有最高的法律效力来表达宪法至高无上的地位。在我们学习的过程中也看到了，在经由具体部门制定法律的过程中，对宪法基本理念的落实发挥了很大的作用。而且现实中部门法对于宪法理念的落实确实起了很大的推动作用，特别是行政法领域的具体制度的建构与具体实践，很大程度上落实了控制政府权力、保障公民基本权利的宪法理念。但是，现在所要讨论的部门宪法，与之前所关注的宪法和各个部门法的关系好像是另外的逻辑，之前可能是部门法作为媒介，把宪法的理念在具体的制度中加以传承，现在是宪法想直接介入社会的各个领域发挥作用、寻求作为。刚才说的部门宪法的发展，一个是社会现实的推动，还有就是学科发展的需要，从具体的部门切入，结合实践中鲜活的部门事实，通过这样的宪法实施进一步地激发宪法在社会各个领域的活力。

其次，说到处理宪法和部门宪法的关系，因为我们研究行政法的学者，也在讨论行政法与部门行政法的关系抑或行政法总论与分论的问题。部门宪法在发展的过程中是否也需要遵循体系化的原则，处理好宪法与部门宪法的关系。即以何种方式构建部门宪法的基本框架，保证宪法和部门宪法之间的体系融贯性，这可能是部门宪法建构当中的关键问题。

最后，在部门宪法的构建过程中，应当遵循什么样的进路。郑老师是以基本权利客观化来构建教育宪法，但在宪法文本中除了基本权利条款之外，还包括基本制度的条款、基本国策的条款。因此，当我们在构建部门宪法的时候，如果从基本权利条款出发，那基本制度与基本国策条款该如何去回应部门宪法的构建，是发挥补充作用还是发挥它的规范效应？

平衡"教育自由"与"国家教育事业"是教育宪法的核心议题

李昕

郑老师从宪法理论的研究如何回应社会和时代发展需求的角度，阐释了作为部门宪法的教育宪法的主旨定位，揭示了教育宪法的核心命题，在于如何平衡作为"个性发展需要的教育自由"与作为"国计民生的国家教育事业"之间的关系。这一定位把握了法学学科在研究纷繁复杂的教育现象时所应秉持的基本思路。

对于教育这一社会部门而言，平衡自由和平等之间的关系，实质在于界定和落实国家的责任和义务，这种义务包含着积极的作为和消极的不作为义务两个层面。现代国家在肯定教育公共属性的基础上，因政治经济背景的不同，形成了不同的模式，即以美国作为代表的自由主义模式，和以德国、日本为代表的国家主义模式。在不同的模式下，政府对各类教育领域的保障义务是不同的。

教育学通常将教育领域分为学前教育、义务教育、职业教育、高等教育、特殊教育。不同教育领域中，相对于公民的受教育权，政府的义务是不同的。以学前教育为例，德国和法国将学前教育纳入义务教育的范围，因此，保障儿童在学前教育中的受教育权是政府的法定义务，但在美国，政府在学前教育中的保障责任被定位为社会安全网，这一定位决定了政府只是承担低收入家庭儿童的学前教育的保障义务。不同于学前教育中政府责任定位的差异性，在义务教育领域中，各国政府均承担着类似的保障义务，包括举办公立学校、实行免费教育等。在义务教育领域，相对于公民的受教育权，政府义务的界定通常涉及公共教育资源的均衡化，以及义务教育与教育选择权之间关系的协调这两个基本问题。

在高等教育领域，同样存在着国家主义与自由主义两种发展模式。作为国家主义模式的经典代表的德国，建构了以公立大学为主导的高等教育体系，并将公立大学定位为公法社团和公营造物法人。在这一模式下，如何处理大学与国家之间的关系，保障学术自由是界分政府权利义务的核心问题。在秉承着自由主义政治理念的美国，经历了达特茅斯学院案，以及莫里尔法案的实施，高等教育则呈现出多元化的发展状态，这种状态下，政府的义务更多体现为如何在教育的公共性与多元发展之间的平衡。

在我国，作为"国计民生的教育事业"历经了一元化体制、教育产业化、教育公益性的回归、多元办学体制的确立几个发展阶段。上述阶段的区别转化为法律层面上的分析，可以概括为政府义务定位的差异。今天，当我们谈到了新的教育发展规划纲要中所确立的多元办学体制时，如何界分教育多元化之下的政府义务是我们必须应对的一个现实问题。

总之，在教育法的研究领域，如何保护公民的受教育权，如何发展一国的教育事业，方式和路径是因国情而异的，但自由与平等、作为"个性发展需要的教育自由"与作为"国计民生的国家教育事业"之间的平衡是我们需要面对的永恒主题。

第四期　高校治理结构研究
——从大学章程文本解读入手

一、沙龙简介

（一）参加人

主持人：李　昕　首都师范大学法律系教授

主讲人：吴高臣　首都师范大学法律系教授

与谈人：姚金菊　北京外国语大学法学院副教授

　　　　周　详　中国人民大学教育学院助理教授

　　　　尹少成　首都经济贸易大学法学院助理教授

　　　　刘永林　中国教育政策研究院博士后

　　　　姚　荣　中国人民大学教育学院博士研究生

　　　　荣利颖　首都师范大学教育学院副教授

　　　　刘兰兰　首都师范大学法律系助理教授

　　　　安丽娜　首都师范大学法律系助理教授

（二）内容概要

我国对公立高校的设立采取的是特许主义，而特许主义的源头就是法人拟制说。法人拟制说指出法人必须借助国家才能获得法律人格，只能按照规定的目的从事行为。既然国家已经对公立高校进行了合目的性选择，公立高校应当在国家立法的框架内构建其治理结构。我国高等教育立法明确规定，高等院校实行党委领导下的校长负责制。在我国公立大学的现实背景与法律框架下，如何界定党委、校长办公会议、学术委员会的法律地位是研究公立大学治理结构不可回避的问题。

二、主讲人发言

高校治理结构研究——从大学章程文本解读入手

吴高臣

我的研究领域是公司法，关注公司治理，恰好公立高校的治理结构也是现在的热点，特别是随着大学章程的制定，社会上对公立高校的治理也有各种各样的看法，而政府机关是希望通过这次大学章程的制定推动公立高校治理结构的改变或者说是对原有体制进行完善。在这个过程中，因为大学章程制定以后，各个高校实际执行情况了解本身并不容易，所以我只能从文本来分析，看看目前在大学章程中体现的，我国的公立高校的治理结构在制度层面上到底是怎样的状态。

我国在 2010 年发布了《国家中长期教育改革和发展规划纲要（2010—2020）》，提出要完善中国特色的现代大学制度。我个人对此的理解，就是依照章程来治理高校，依照章程来落实党委和校长的职权，同时也要不断去完善社会的支持和监督机制。2011 年教育部也发布了《高等学校章程制定暂行办法》，对高校章程的制定作了很多详细的规范，但规范本身是否存在问题，从法学的角度解读章程制定办法，其本身可能存在矛盾甚至错误的地方，只能通过文本解读发现存在的问题。既然从章程入手，首先要解决的是章程到底是什么，为什么要依据章程治理。所以首先要讨论公立高校的法律性质，在这个基础上讨论治理结构，按照目前关于治理结构的研究，分为外部和内部。目前总体来说，可能国内公司治理的结构相对来说比较完善，而在高校治理结构的层面上，至少在我们国家的立法层面，对外部结构和内部结构其实是没有搞清楚，把很多内部结构的问题当成外部结构的问题解决，这样的话，事实上会扰乱目前高校治理结构的完善。

其一：公立高校章程的法律性质

如果从源头去看，其实公立高校章程是一个特许主义的产物。法人制度是在中世纪欧洲逐渐开始兴起，法人制度在它产生之初经历了短暂的自由主义的阶段，很快进入了特许主义阶段，在特许主义阶段每个法人的成立要么得到教会的特许，要么得到国家的特许。也就是说，无论是教会还是国家，事实上都是通过颁布法令的形式来确认法人的成立。这意味着法人的成立不是自然而然形成的产物，而是依赖于外部权威的确认，如果不存在这样一个外部权威，法人的状态事实上是不能够得到确认的。特许主义从源头看，其实涉及对法人本身的认识，它采取的是法人拟制说。法人拟制说刚才我们谈到了，在特许主义下要么是教会，要么是国家存在特许。从法人拟制说源头来看，涉及两个法学渊源，一是追究到罗马法，追究到中世纪的教会法，教会法对法人的产生产生了深远的影响。13 世纪教皇伊诺生四世认为法人纯粹属于法律拟制的观念存在，同时代著名的神学家、哲学家阿奎纳和他的观点完全一致。中世纪因为教会的势力强大，影响了世俗中很多法人的制度，或者说对很多具体的法人产生了深远的影响。从这样一个特许主义和法人拟制说密切的联系来看，正是由于在法人本质这个学说上采取了拟制主义的观点，最终导致国家或者教会事实上在法人的产生上拥有了决定的权力。如果用术语描述，意味着国家和教会作了一个合乎目的性选择，如果法人的存在合乎国家和教会的目的，或者说合乎当时的社会利益，国家或者教会会特许它成立，否则就不会成立。他们之间存在这样的关系，也就意味着法人必须按照特定的目的去行事，超出这个目的应该说就没有独立法人的资格。如何证明法人是在特定的目的范围内开展活动的，其实最简单的规制办法就是制定章程。通过章程去划定它和特许机关，无论是教会还是国家之间的关系，同时划定了自己的活动范围，章程事实上起到了枢纽的作用，它沟通了特许和法人独立，也就是常说的自治之间的关系，这个关系同样适用于我们的大学制度。我们现在看的大学起源主要关注欧洲，欧洲的大学也很明确，初始的大学都是特许主义产物，一个大学成立应该拿到特许状，这个特许状最初都是教皇颁发的。拿到这个就具有现在意义上的自主办学权，比如招生、聘请教师、制定培养标准，等等。后来随着宗教改革，国家又获得了这样的权力，国家开始给大学颁发特许状，一个大学要取得办学资格或者成为独立的法人，必须依赖于国家给它颁发这个特许状。在这样的过程中，只有是国家或教会颁发特许状，法人才取得这样的资格。这个过程中反映了什么样的关系，和我们一般意义上反映的关系是类似的，教会或者国家在多大程度上愿意给大学所谓的办学自主权，反过来，学校在多大的空间内有办学自主权，这个矛盾其实双方一直在纠结过程中。

一个典型的例子，就是牛津大学。牛津大学是一所成立非常早的大学，它在12世纪就成立了，牛津大学和我们国内大学不一样，大学下面各个学院都是独立的法人，它拿到的第一张特许状是教皇颁发的，是在1214年拿到的。但是它最终从世俗的角度确认法人资格是取决于英国的法案，1571年颁发了法案，因为和剑桥的特殊关系确立了这样的资格，之后治理过程中有章程，有多个学院，所以章程是有多个版本存在。这几个章程之间发生冲突的时候，大家都在寻求解决的办法，应该怎么样解决，甚至到了现代社会以后，还在讨论这个问题。就是说它有很多章程是冲突的，那应当怎么办，以及修订章程是不是需要得到枢密院批准，2002年牛津大学的章程是经过了女王和枢密院共同批准的。无论是教会还是国家，在这个过程中大家为什么反复就特许状和章程发生纠结，就是因为章程在大学获得独立人格成为独立法人以后，它和外部是何种关系。这个外部如何理解呢？就是大学和政府、社会之间的关系。简单说，如果学校是公立高校就面临着与举办者和主管者的关系，这个举办者可能是特殊的，他本身可能兼具主办者和主管者的身份，这个过程中就会形成冲突，作为主办者的权利是什么，主管者职权又是什么，公立高校作为法人有权做什么，其实这几方一直在纠结之中。

简单说，由于是特许主义的产物，法人的成立是被特许的，法人的章程事实上也是依据特许状或者国家法律制定的，这个章程从这个意义上是不是可以看作是外部对它的授权？在这样一个授权的模式下，如何去解决各方之间的关系，就是在特许主义的模式下需要讨论的问题。在特许主义模式下，大学是特许主义的产物，必须尊重和承认现行的法律制度，在现行法律制度框架下最大限度发挥高校的自治权。由此观之，其实高校章程是目前公立高校完善治理结构必须依据的文件，章程可以不可以去突破现行的法律框架，但这可能很难。接下来我们会讲，从国家的实践中来看，事实上要突破目前的法律规定的治理结构的框架是非常难的。但是，从学者探讨的层面，大家总是希望大学获得更多的自治空间。我们一直强调要给大学更多的自治权，我们也希望通过各种形式去获得自治权，包括这次制定高校章程是不是能获得更多的自治权？在现行的法律框架内，可以寻求自治权，在《国家中长期教育改革和发展规划纲要（2010—2020年)》当中写得很明确，是要在坚持和完善的基础上去实施，完善的前提很清楚是坚持，在坚持和完善党委领导下的校长负责制的基础上去实施。基本前提确定了，既定的框架是有的，在这个框架下我们能做什么，大家可能会说在这个框架下我们做不了什么，但是后面我们看，在现行的框架下，各个高校根据自己的特点也创立了很多可能远远超出我们想象的治理模式。

高校章程是沟通高校内部和外部的枢纽，当高校依据章程治理的时候，章程的性质事实上会影响高校的治理结构。所以，学界也对公立高校章程的性质进行了分析，各位老师也清楚，可能主要是这样几种观点。主要就是两种观点，一种是契约说，另一种是自治规则说。这两种观点来源于哪儿？其实这两种观点纯粹来源于私法。对公司章程探讨我们讨论了契约说和自治规则理论，进入公立高校这个章程的性质讨论的话，好像情况发生了很大的变化。一种观点纯粹从私法角度观察，是私法契约说，认为公立高校章程其实就是举办者之间，围绕公立高校的设立所达成的一致意见，是他们共同的意思表示，这些高校的举办者应当按照他们共同一致的意思表示去解决高校在设立包括运行过程中的各种矛盾、纠纷等。学者更强调公立高校的章程不单纯是普通的私法的契约，严格来说是组织契约。为什么称组织契约？因为公立高校借助这样一个举办者之间的协议，事实上产生了一个组织，产生了一个团体，因为高校很明显和我们自然人不一样，是一个团体，在这个团体当中我们要解决团体内部和团体外部的关系，所以说它是一个组织契约。这个观念可能放在一般的社会观念没有太多问题，但是这个观念如果放到法学的视角下可能就会出现问题。首先，可能在传统的法学领域当中没有组织契约这样一个概念。另外，它所讲的，团体法的现象和法学领域研究的团体法有很大的差异，这种差异会导致什么问题，比如说我们在法学领域内部关系和外部关系，举办者和法人之间的关系我们认为是内部关系，但是在主张私法契约说的观念看来，其把举办者和法人之间的关系纳入了外部关系去研究，这和法学传统理念产生很大的冲突。当然，按照私法契约说的话，从法学角度观察还有一个问题，如果是契约，法学就会遵循契约的相对性，意味着它只能解决契约当事人之间的问题，不能解决别的问题，按照这样一个观念推演下去，也就是说它只能解决举办者之间的问题，解决不了其他问题。但事实上我们可以看到，主张私法契约说的学者认为，其实公司与高校章程还是公立高校内部组织人员、教师和员工内部默认的条款，只要教师加入学校，学生到这个学校就读，就要接受这个条款的格式规范，这突破了传统的契约相对性，学生不是契约的订立者。私法契约说分析公立高校的章程性质的时候很多学者讲契约，事实上不是法学的概念，而是传统的经济学的概念。只要是双方自愿达成的交易，都划入契约的范畴，而这不是法学的契约，在强制执行下也存在差距。所以如果纯粹从法学层面来看，私法契约说我是不支持的。

第一种观点可能也比较流行，叫行政契约说。行政契约说这种观点恰恰看到了公立高校的特殊性，它是从公立高校的法律地位出发，公立高校事实上是国家为了社会公众利益。按照目前来说，比如提供公共的教育服务，要解决教育公平问题，设立学校既然是为了社会公共利益，这个行为就决定了一个基本的情况，很可能绝大多数情况下或者在设立高校的过程中没有明确说明的话，可能就意味着这是一个国家行为产生的后果，这个公立高校应当就是类似于准公法人的观念。如果把高校作为准公法人存在，事实上就是准公法人，那么作为准公法人和国家是什么样的关系？主张行政契约说的学者认为，国家在高校设立过程中和日后的管理过程中由于高校是准公法人，在管理过程中我们形成了法律关系，事实上是一种行政法律关系。这种行政法律关系而且又是外部的行政法律关系，也就是说公立高校作为准公法人和国家之间建立的是公法关系，是一种行政法律关系。这种行政法律关系有特殊性，国家要给予公立高校更多的自主权。如今强调社会治理的理念，包括多元共治，这种公法关系和我们日常的行政管理的关系还是有很大的差距，事实上可以借助契约的观念去管理这种所谓行政法律关系。其实，行政契约说它最大的优点就是发现公立高校的特殊性，有一个缺陷在哪呢？缺陷就是和私法契约说有类似的地方，它把国家的地位怎么看待，国家作为公立高校的举办者和管理者的时候，是两种不同的法律关系；它把这两种不同的法律关系混同在一起，国家作为管理者管理高校，它的确是一个行政管理关系，但是国家在设立高校过程中，虽然可能是依据行政命令设立的，但是这个关系不是我们法学意义上的行政管理关系。如果从法学角度来看更应是出资设立关系，这个不能按照行政法律关系对待，当然国家作决策的时候受到各种各样的影响，但是一旦作完决策，这个决策的性质与一般的行政法律的关系是存在差异的。

第二种观点是自治规则说，强调公立高校的章程是按照法律所制定的自治规则。在传统的私法领域，自治规则说的主要优点在于克服契约说的不足，因为契约说在法学领域强调契约的相对性，使得公司章程如果遵循契约说的话，对参与订立契约以外人的效力就成了疑问。众所周知，公立高校章程有涉他性，比如说教师和学生都会受到约束，关注涉他性，恰恰是自治规则的优势。承认章程是自治规则，那么和公立高校有关的很多的主体，都会受到自治规则的约束。在公司法领域，公司章程普遍规定，股东、董事、监事、高管都可以依据公司章程起诉公司。自治规则说强调私法的概念，放到公法领域有没有问题呢？其实从克服契约说的观点来说没有问题，而且它事实上使得公立高校章程有一定的强制性，这是它的优势。当然，如果纯粹是一个自治规则的话，是不是会有问题？纯粹讲是自治规则就会忽视公立高校独特的地位，这恰恰是行政契约说的优点。所以我自己也不赞成这样的观点。

第三种观点是软法说。应该说这几年将法分为软法和硬法似乎很时髦，软法说好像也很时髦。但是我个人看了一下软法说的观点，其实基本上是自治规则说的变种，软法说强调除了自治规则不具有强制执行的效力外，其他都具有法的特性，因为是公立高校一定要反映社会公共利益，从章程本身来说可能反映一定的社会公共利益，也反映一定的公共意志，从这个角度来说，可能具有法的一些特征。

第四种观点是和李昕老师沟通以后，我们的共同认识。公立高校章程的法律性质到底是什么，我们认为其实从公立高校本身特殊的主体地位来考虑，从公立高校和举办者以及主管者之间的法律关系的角度来考虑，公立高校章程事实上发挥着国家法律授权的作用。从现在开始，公立高校要存在，必须得有章程。原本没有章程的时代我们不说了。当高校必须依据章程存在的话，自此以后成立高校必须得有章程，章程就是国家授权，没有授权你就不能存在。那法律授权是什么性质，如果从刚才讲的两点来看，可能叫规范性文件更好一点。还有一个深层次的原因，公立高校章程是特许主义的产物，既然是特许主义的产物，那么就必须遵循国家的目的来进行。国家划定了范围，就必须按照这个目的运行，国家怎么划定范围，除了一般的教育法、高等教育法以外，国家给你最直接的范围划定，事实上是章程的核准。

公立高校的章程是国家授权，从内容来看，公立高校的章程既要规定高校和举办者、主管者的关系，还要授权高校处理内部关系。换言之，高校被授权以后，如何行使授权，这两个层面的关系恐怕章程都是要涉及的。但是接下来的关系可能就涉及是不是第一个方面的关系，就是传统的外部关系，我想不是，这是由举办者身份特殊性造成的。一般意义上，官方也是这样去描述这种关系的，公立高校章程既要规范高校与举办者、主管者的关系，又要规范高校内部各组织机构和人员之间的关系，所以公立高校章程应该既规范高校和主管者的关系，又规范高校内部的关系就可以了。这就是从文本上解读我们理解的公立高校的章程，我更愿意当成一个规范性文件看待，这样可能更好去解决政府目的的落实。

其二：公立高校外部治理结构

对于外部治理结构，绝大多数学者会想到这些法律规定，就是《高校章程制定暂行办法》第5条、第31条以及第74条。第5条是高等学校的举办者和主管教育行政部门应该按照政校分开、管办分离的原则落实义务。还有一个章节，就是举办者的权利义务，很多内容是主管者的权利义务，和举办者没有任何关系。他们的权利义务应该区分得清清楚楚，作为举办者的权利义务是什么，主管者的权利义务是什么，应该讲得很清楚。第31条讲的是主管者的问题，这才是我们一般意义上理解的外部关系，要按照章程去办，不违法的情况下就进行确认，如果违法，主管部门责令限期改正。

在外部治理结构的层面，应把举办者的权利、义务和主管者的权力、责任分开。外部关系层面只会讨论公立高校和主管者之间的权利（力）和义务关系，如果再放宽一点，按照《国家中长期教育改革和发展规划纲要（2010—2020年）》的要求，可能会讨论到社会支持。社会支持会讨论什么问题，因为要依法面向社会办学，需要考虑到很多社会因素。社会因素是什么，从纲要来看，社会支持主要还是讲吸引社会人士，主要是通过理事会和董事会以咨议机构的形式支持学校办学，如果在这个层面考量社会支持，它肯定是属于治理结构的外部。把社会支持的板块加上以后，恰恰符合现代法人治理。我们关注外部治理结构，除了国家和主管者以外，社会力量也可以参与当中来，这恰恰是章程可以发挥作用的地方。其实，很多学校也把社会支持放在内部治理结构板块去讲，恰恰不是在外部，不甚妥当。我们接下来就看一下公立高校的内部治理结构问题。

简单回顾公立高校内部治理结构的变迁，按照一些学者的分析，公立高校的内部治理结构或者治理架构大体上经历了如下阶段。第一个阶段是校长负责制，接下来都是党委领导下的校长负责制。从1989年以后我们实行的一直就是党委领导下的校长负责制，《国家中长期教育改革和发展规划纲要（2010—2020年）》中提出，要坚持和完善党委领导下的校长负责制，在这个基础上去完善我们的大学制度，应当遵循这样的原则解决这样的问题。在这个基础上完善我们的大学制度，我们完善大学制度提了16个字，是"依法办学，自主管理，民主监督，社会参与。"社会参与其实属于外部治理结构的问题。

在推进大学治理的今天，只有首先理顺主管者和学校的关系，高校治理结构才能不断完善。高校的决策机构是党委，这是历史的选择，也是客观现实的选择。执行机构是校长。但是在学术机构这个层面，需要强化学术委员会的职能。至于监督机构，例如汕头大学为监事会，党委书记当监事会主席。对于大多数高校，监督机构可能是多个机构有纪委，有监察，还有教职工代表大会、学生会、研究生会都会来监督，这个可能和大学的性质相适应。

高校治理不能完全照搬公司治理，公司的员工和大学的教师、员工不是一个概念。大学如果真的是按照公司的治理结构，那么你和员工的关系很简单，教师的权利、参与民主管理的权利无法保障，这个问题可能会使得我们最终设立大学的目的达不到。所以我们看到，各个大学的章程都在讨论、规范教师和学生的权利义务，而这个可能是公司治理结构当中无法有效解决的问题，这可能也是需要大学治理结构创新的地方。

三、与谈人发言

大学章程治理的现实困境

刘兰兰

2011 年教育部颁布的《高等学校章程制定暂行办法》，这里有两个条款很吸引我。第一个是第 7 条，章程应当按照高等教育法规定内容。说明大学的章程必须有这样内容，学校的举办者，以及举办者对学校的考核标准，负责人的产生和任免机制，这些都需要在章程里注明。我看人大和北大的章程，好像没有把这些内容都列明。按照通常对学校负责人的理解，主要负责人至少包括党委书记，副书记和校长，无论大学把条款的内容制定得怎样具体化，都应该考虑到大学自主办学的权力和管理的权力，尤其是学校领导的产生，这个学校最高机构应该遵循公平、公正、公开的原则，应该让大学的师生、员工知晓大学决策机构的运行。

还有第 17 条讲的是高等学校起草章程应该进行深入研究，广泛听取政府、学校内部组织、师生员工的意见，充分反映学校举办者、管理者、办学者以及教职员工、学生的要求为意愿，使章程成为凝聚共识、增进和谐的过程。这条我的理解实际上就是对大学的决策层来说，要求必须承认大学的内部机构以及它的成员，也是大学办学者的组成部分。就是在大学各个机构当中，组成人员当中，都是专家、学者、教职员工、领导，但是很少看到有学生代表。所以我觉得，应该把师生的声音转化为学校管理当中的一部分。另外从形式上，北大的章程觉得比人大制定得详细，但是我仍然感觉到，大学章程形式上还是略微简单，比如有些机构，基本上所有重要机构都有职权，但是有些机构没有组成成员，成员由哪些部分组成，怎么产生，这个没有特别详细的表述。我国香港特区大学的章程非常详细，每一条下面多达职权 20 多条，构成组成部分一条一条列得很详细，而且作为法律来讲也非常有操作性，所以我觉得我们以后制定章程要从形式上更加注意一些。

大学章程治理的企业制度启发及法律位阶问题

安丽娜

每次谈到法人治理的时候，都会联想到公司法在法人治理上的成熟，在此基础上我特别查阅了现代企业制度，现代企业制度也提到以企业法人制度为核心，产权清晰，责权明晰的新型制度。在中长期纲要当中提到了要实现建立现代大学制度，表述有所不同，依法办学，自主管理，民主监督，社会参与。但是，在实践当中或者学术当中解读现代大学制度，也认为完善治理结构是建立中国所谓现代大学制度的重要内容，实现这样一个大学制度，法人治理结构的建设也需要发挥大学章程对学校的治理结构的重构和完善。

首先，从框架结构上来说，是从公司法领域给了很多大学章程制定的启发，具体到章程的内容建设和治理结构完善方面，除了公司法既有经验之外，目前在具体的自治里还有很多的社会团体或者是地方自治，比如说涉及中央和地方关系的理念是不是也能引入大学章程的借鉴的过程当中。另外，在兼具公法和社会法的基层领域，比如村委会组织法和居委会组织法，这样的经验是不是也能纳入大学章程所借鉴的经验框架当中来。

其次，刚才提到大学章程的法律效力位阶的不同，能否在实践当中通过逐步推动，把大学章程统一纳入立法程序当中，提升它的法律位阶和法律效力。一旦纳入法律体系当中，涉及法律体系内部秩序的统和与相关法律法规的衔接协调的问题，这样在很多时候是不是能够依据新法优先于旧法，清理掉违背现代大学建设的规定，推动法律治理结构实现，而不是大学章程虽然已经起草，但是往往处于搁置或者闲置的状态，在实践当中没有突破。也就是说，在我们的大学章程没有上升到立法或者法律位阶的时候，通过章程实现法人治理的条件不是很成熟。

最后，大家查阅大学章程内容的时候，是不是也要推动在高校信息公开，把大学章程列为高校信息公开应当主动公开的一部分。

大学章程的功能实现

李 昕

我个人一直是研究公共组织的法人化，法人化一个非常重要的载体标志，其实就是章程。因此也对章程很关注。但是对大学章程的理解，从开始制定大学章程，回应荣老师的问题，新的规划纲要中提到完善现代大学治理结构，建立现代大学制度，就是以章程作为建立现代大学制度的切入点。但是在章程建设过程中，大家都在讨论章程，但是实际上在实务部门，老师作为利害关系人对章程基本上并不熟知。

我对这个问题的思考，中国现代大学制度的建设，如果从现代大学治理结构，包括内部和外部两种治理结构，这两种治理结构能不能通过章程实现，章程能不能担当起这样一个功能。还有一点，在对中国大学章程梳理的过程中，学习了一部分公司法对章程的法律定性，发现大陆法系和英美法系对章程的定位有分歧，大陆法系往往定位会是自律规则，而在英美法系定位是一个契约。所以，这种定位不一样是不是也会影响到对章程本身功能定位的不同，到底在我国影响大学章程功能发挥的障碍是什么？从法学的角度怎么样理解章程的功能？如果从大学应然的治理结构和定位来讲，章程是一个团体人格化的标志，它是一个团体，而团体的人格化是内部意志的合一。作为大学，它的缘起就是人和性的组织，它就是意志的整合，形成一个团体的人格，形成一个大学的团体意志。在这个过程中要完善的使命就是实现大学内部组织化和秩序的规范化，这是对内发挥作用。同时，大学要制定一个章程，一定意味着它要拥有一定的自主权，而这个自主权一定是从政府那里获得的，所以章程本身是建立在大学团体自治的概念基础之上的，而且章程自主权是章程本身实际发挥作用的核心，如果章程无自主权，就没有办法发挥它的核心的、承载大学自治的制度载体的功能。在不同的大学治理的理念之下，章程的自主权是存在差异的，而这种差异最终在法律上的体现就是章程的法律属性和法律效力位阶不同，所以需要梳理一下，不同国家大学的治理理念到底有什么样的不同。在大陆法系国家正是国家主义的大学治理理念，最鲜明的一点是所有的大陆法系是以公立大学为主导的模式，德国、日本都是这样的模式。在这种组织里需要界定一点，它赋予大学一定的自主权，而这个自主权建立在学术自由、学术自治的程度上，它的章程从法律属性上来讲，我觉得是非常类似于凯尔森的次级秩序。国家有一个框架性的制度，章程只是一个社团组织，在实现次级秩序的时候行使一部分自主权，所以它的效力更多地是落实上位法所体现出来的框架性制度设计的根本要求，体现在法律属性上带有很强的执行性。我觉得对我国的大学章程来讲，我们更类似于大陆法系的属性，所以试图让它承载跟政府之间自主权的划分，这显然是不合适的功能定位，更多是对上位规则的细化。

第五期　校园欺凌的责任形态与救济规则

一、沙龙简介

（一）参加人

主持人：李　昕　首都师范大学法律系教授

主讲人：刘召成　首都师范大学法律系副教授

与谈人：颖　丽　北京师范大学教育学院教授

　　　　赵晓舒　北京师范大学法学院副教授

　　　　荣利颖　首都师范大学教育学院副教授

　　　　李佳伦　北京大学法学院博士后

　　　　何　颖　首都师范大学教育学院助理教授

　　　　刘兰兰　首都师范大学法律系助理教授

　　　　安丽娜　首都师范大学法律系助理教授

　　　　崔俊杰　首都师范大学法律系助理教授

（二）内容概要

校园欺凌是近年来发生较多且被社会普遍关注的教育领域的热点问题，其发生的原因是多方面的，既有社会方面的因素，也有家庭方面的因素，还有学校方面的因素。其具体表现形态则更加复杂，既有学生欺凌学生，也有老师欺凌学生。这一问题可从教育学、管理学、法学等多学科角度予以分析，在法学内部，也可从行政法、民法、刑法等多角度予以分析。其中，民法对于校园欺凌中受欺凌人的损害赔偿救济是一项重要的法律救济方法，对其本人最具现实意义。因而，从民法角度对于校园欺凌的责任形态和救济规则予以分析，理顺校园欺凌各种情况的具体责任表现形态及其损害赔偿的规则，是一个非常值得研究的问题。

二、主讲人发言

校园欺凌的责任形态与救济规则

刘召成

今天非常荣幸和大家一起探讨，我主要研究民法，关于校园侵权，大家比较关注校园欺凌的问题，四川省泸州市泸县的太湖镇中学发生的一个案件备受关注，将这个问题的热度持续推高，下面我将从民法的角度进行分析。很多师友都是研究各个不同学科的，一会儿可以共同探讨，大家从别的学科角度和别的视角共同研究这个问题，希望能够对这个问题的改进有所裨益。

其一：校园欺凌的概念内涵

什么是校园欺凌？大家都有一个感性的认识，从学理上对这个问题到底如何界定是有必要分析的。比较法上对于校园欺凌的界定有几个要点，这几个要点的角度不同，但是基本都会聚焦在这几个方面：被欺凌的对象为何人，这是大家的关注点；欺凌行为的实施人到底是谁；欺凌行为的样态到底表现为什么样的形态；欺凌行为的发生地点。大家对校园欺凌从这四点上界定。

第一点，形成共识的是，被欺凌的对象是在校的学生。

第二点有争议，有观点认为欺凌的行为人仅限于学生、在校生或者别的学校的学生，总之是学生。还有观点认为不应当仅仅局限于学生，还应当包括老师。我认为我国现在的情况不仅仅局限于学生，据报道来看一些老师欺凌学生的现象也是存在的，只是学生的情况居多。基于这样的现实情况，我觉得欺凌行为人应该不限于学生，还应该包括老师，因为老师具有特殊的优势地位，而且在学生心中具有影响力，他对学生的欺凌会对学生造成更大的影响以及更严重的心理创伤，所以我觉得有必要把老师也纳入欺凌行为人界定的范畴。

第三点，欺凌行为的样态，欺凌行为是一次性的还是要求多次可持续性。对这个问题如果是一般的校园侵权，一次性就足够了，但是对于校园欺凌，它的性质比较严重，社会对它的特殊关注程度比较高，所以比较法都把校园欺凌的行为形态表现为持续的多次的，仅仅一次性的欺负不认为构成校园欺凌，一段时间内持续性的至少两次以上才构成欺凌。

具体的表现形态非常多，有的是采用语言的方式，有的是采用行为的方式，有的采用图画或者符号、肢体动作等很多方式，直接或间接对学生进行贬低、排挤、欺负、骚扰或者戏弄等。总之，使被欺凌者处于不友善的校园学习环境，产生一种精神上或者是生理上、财产上的损害，影响他们的学习生活。

第四点，欺凌行为到底发生在哪里？日本早期认为校园欺凌应该发生在学校，校外不构成校园欺凌，但是后来逐渐改变了这样狭隘的观点，欺凌行为不仅可以发生在校园内部，校园外部也可以构成校园欺凌，基于学生之间的在校关系，这也构成校园欺凌。校园应该做稍微宽泛的理解，不仅仅局限于学校内部，上学下学路上发生的欺凌行为也应该属于校园欺凌。

关于比较法对校园欺凌的关注点可以对我们国家现在的校园欺凌进行界定，校园欺凌应该是一个或多个学生或老师以强凌弱，持续以各种方式对学生进行生理上或心理上的蓄意攻击，造成学生肉体上或心理上受伤的行为。

其二：校园欺凌侵权的责任构成

校园欺凌从民法角度来讲很显然是一个侵权行为，这是毫无疑问的，而且是一种非常严重的侵权行为。这样一种侵权行为侵害的权益或者利益包括这些方面，按照发生的比例，最容易受到侵害的是身体权和健康权。关于身体权和健康权，侵害了被害人的身体和健康，如果造成身体上的伤害，影响身体机能的发挥，这样就构成了侵害健康权，仅仅是对学生进行身体上的触碰，比如揪别人头发或者给别人头上扣碗的欺负行为都构成侵害身体权，因为没有造成健康的损害，身体的侵害是最主要的，如学生的欺侮性、排挤性的行为或者故意让他出丑的行为。

除了身体权和健康权之外，最普遍受到侵害的权益就是一般人格权，在民法的角度来看人格权分成具体人格权和一般人格权。具体人格权就是法律明确界定的构成要件非常明确的有具体名称的人格权，比如生命权、身体权、健康权、名誉权、隐私权等。一般人格权法律上没有明确界定，构成要件非常模糊的，但是对于自然人一般人格权进行保护的权利，这个权利是非常复杂的，因为这个权利此前并没有得到法律的明确规定，只是在学理上去提这个权利。它最主要的特点是它是对人格整体的保护，到底什么是人格又说不清，所以导致这个权利本身存在很大的争议。

到底什么是人身自由和人格尊严，这是一个很抽象的问题。与此相关的，宪法第 37 条明确规定中华人民共和国公民的人身自由不受侵犯，第 38 条明确规定中华人民共和国公民的人格尊严不受侵犯。宪法上的权利要想在民法中适用必须经过法律的转换。虽然采用的表述是一样的，但是这两个权利还是存在比较大的差异。民法上的一般人格权只是对宪法上人身自由和人格尊严这两个权利的转化和具体化，构成的方式肯定是不一样的，可不可以把它发展成一个宪法上的权利，是有学说争议的。

概括而言，一般人格权是对于人的全部人格要素的保护。人格尊严和人格自由只是一个概括性的表述，在法律适用的时候，民法典出台之后的大部分工作就是要进行法教于学法适于学的构建，不可避免地要具体化。在市民生活中表现为什么样的形式，包括人的形象的正当表现，不能歪曲人的形象，不能侮辱人的人格。别人在讲话你去录音了，打电话偷录都是不行的，侵犯了别人的一般人格权，必须别人同意。一般人格权从民法和宪法角度进行进一步研究也是很有必要的。

在校园欺凌里，为什么一般人格权是很普遍的受侵害的权益呢？因为很多学生都是采用语言、符号、图画的方式直接或间接对他的同学进行排挤、戏弄、骚扰等，这样的侵害行为侵害的对象应该属于一般人格权的范畴。这是第二类受到侵害的校园欺凌行为所侵害的对象。

第三类发生的比较少但是也会有，生命权，就是欺侮的情况比较严重的会造成生命权的侵害。

第四类受侵害的权利是所有权，主要是勒索财产等行为，或者损害了别人的日用品，将别人的东西随意摔毁。权利的侵害对象大概就是这几类，这里边比较复杂的是一般人格权，界定哪些属于一般人格权是比较困难的。这是校园欺凌的侵权责任构成，一定是侵害了某一种权利，这种侵害的类型包含这四种。

要构成侵权责任必须有损害的产生，这个损害大致包含三种类型：第一是人身损害，第二是精神损害，第三是财产损害。人身损害指的是身体和健康的损害，有形的物理性的损害。精神损害就是当事人精神上的痛苦，比如对当事人身体或者健康的侵害，对他的侮辱导致他精神上的痛苦，这都属于精神上的损害。财产损害，主要是财产的数量或价值的减少。

人身损害涉及损害的赔偿数额的界定以及赔偿形式，人身损害主要是医疗费、伤残费、死亡赔偿金的问题。精神损害大小根据多方面判断，根据当事人权益被侵害的程度，对方欺凌人主观恶意的程度，欺凌行为持续的时间长短等相关因素去判断。财产损害，大家觉得好像比较简单，其实一般来说采用的是差额理论。

对于因果关系的认定大概可以分成两类，第一类是直接欺凌的侵权行为类型的因果关系的判断，第二类是间接欺凌的侵权行为类型的因果关系的判断。直接欺凌指的是学生实施的排挤欺负的行为，侵害行为直接作用于被害人。间接欺凌指的是学校等教育机构的欺凌行为。大家就有疑问了，学生直接对学生进行欺凌行为，学校怎么会有间接的欺凌，学校怎么也会构成侵权责任呢？这里面有一个问题，待会儿再说。

先说直接欺凌，直接欺凌的侵权行为类型的因果关系应该如何判断？一般来说，我们现在采用的是相当因果关系说。首先一定是这样一个欺凌行为跟损害的发生之间有事实上的因果关系，欺凌行为是损害发生的条件，如果它不是条件，那么它的事实因果关系根本不构成，不可能构成侵权因果关系。我们通常采用的是假设没有这样的欺凌行为损害是不是会发生，如果没有这样的欺凌损害不会发生，那它就构成因果关系，一定有一个前提条件，欺凌行为是损害的前提，而且是直接的条件，这是一个层面的问题。

第二个层面在此基础上要进行判断，这样的欺凌行为导致损害的发生是不是偶然的极其特殊的情况。如果这样的欺凌行为在通常情况下不会造成严重的后果，或者都不会造成这样的损害，只是在偶然的情况下才会构成这样的损害，那么它就不符合社会通常人们的理性认识可预见的范畴，这种情况下因果关系也是不可以被认定的，不具有相当性。这个相当性就是是否符合一般的生活认知，它是不是极其特殊的，生活中间只要有这样的行为损害一般都会发生，符合生活常态不涉及特殊例外的情形，因果关系具有相当性是可以被认定的。

除此之外，现在比较法上的最新发展还要考虑法律目的。这个问题在直接侵权里考虑的比较少，接下来要讲到的间接欺凌行为里用得比较多，即便事实构成了欺凌行为也具有相当性，还要考虑受保护的利益是否属于法律规范明确保护的范畴。比如，法律规定严禁超载超员，严禁超载超员是法律规范，这个法律规范保护的是人身安全。英国一个人在车上东西被小偷偷了，他去法院起诉公交公司，公交公司超载了很多乘客，由于人多东西被偷，就去起诉侵权，法院说禁止超员所保护的利益不包含财产损害，因果关系不成立，所以这个损害不属于法律保护的利益，因果关系不能认定，这是最新的发展。

下面主要说一下间接欺凌行为。间接欺凌行为的直接表现是学校没有尽到必要的保护义务，没有及时阻止和发现欺凌行为的发生，导致学生之间的伤害，这个情况下欺凌人去承担侵权责任是没有问题的，因为是直接侵权人，他把别人伤害了就要承担责任。学校要不要承担责任呢？学校的这样一种行为构不构成侵权呢？就看学校有没有尽到这样的义务，如果没有尽到义务的话，我们认为他也是构成侵权的，按照侵权法一般理论属于间接侵权，具体到校园案件里就应该属于间接欺凌。表面上看，学校对于欺凌行为的发生并不具有直接的条件，因为欺凌行为就是学生之间的欺凌，跟学校似乎并无关系，是不是让学生承担责任就可以了，但是并不是这么简单，因为法律规定学校对于学生有一个义务。

这个义务在我们国家历史上有很严格的发展，早期甚至有人说是监护义务，大家说这肯定不对，学校不是监护人凭什么有监护义务。后来教育部出了文件说是一个管理义务，后来认为它应该是校园内部的安全保障义务，学校应该采取合理的措施安排，包括人员配备、设施设备的采用维护等，综合地保障一个学生具有一般的合理的安全。要有安全保障的措施，安保人员的配备，这都是学校一般安全保障义务的具体表现。如果学校没有尽到这方面义务，也是应该承担责任的，但是一个学生把另外一个学生侵害了，老师在旁边没有及时干预，没有及时阻止，这样的行为为什么要承担侵权责任呢？他的这样的行为跟损害后果发生有没有因果关系？如果没有因果关系就不能承担责任，因果关系怎么认定这是很复杂的问题，有间接侵权，在这里叫间接的欺凌。

从事实层面来看，学校老师没有及时发现或阻止欺凌行为本身并不是损害发生的直接条件。从两个层面来讲，从事实层面来讲他仅仅提供了条件和机会，不是直接的条件，着火的话，丢烟头是直接的条件，氧气也是直接条件，是不是空气也要进行侵权责任的承担，好像是很荒诞的问题。在这里就不同，因为学校是环境的管理者和控制者，它有能力以很低的成本去采取一些措施防止危险或风险的发生，在法律上有这个义务，应当采取一些必要的措施防范这些侵害的发生。晚上几个学生一块欺负一个学生，有安保人员，但是这些安保人员当天没有值班巡逻，这也是学校方面的责任，安保的义务没有尽到。如果尽到安保的义务，就能够及时地中断这样的因果关系。学校对于安全保障义务的违反，它在因果关系方面起到的作用是没有切断因果关系，如果你履行了这样的义务，及时阻止了，就能够阻止这样的事情发生。阻止因果关系中断的义务没有做到，从另外的角度就可以认为这对损害发生具有促进作用，法律要求终止它而没有终止，那对这样的损害发生就有因果作用。因果关系的认定首先是事实层面的问题，但它同时也在此基础上有价值的判断，事实只是一个基础，间接的校园欺凌虽然在事实层面的因果关系不是那么强，但是通过法律层面的强制的义务增强了因果关系，最终因果关系也可以得到认定。

还有一个相关的问题，安保义务范围到什么程度，是不是学校有义务防范所有的损害呢？不可能，学校不可能像飞机安检那样对每个学生进行那么严格的安全检查，给他设定一个过高的安保义务既不现实也不可能。对于学校安保义务的设置要考虑几个方面问题。第一，这个安保义务针对的损害发生的可能性有多大。如果某一个损害发生的可能性很大，法律设定安保义务的可能性就大。第二，成本是否高。如果虽然风险实现的可能性比较大，但是成本也非常高，花费很多的人力财力投入才能防范这样的损害，那这个情况下把它设置为法定的安保义务可能性就不大。

总之，如果投入的成本比较小，防范的危险发生的概率比较大，防范的损害也比较大，而且符合大家一贯的合理的期待，这样安保义务设置的可能性就比较大。反之，如果成本投入比较大，所避免的危险发生的概率比较小，损害比较小，这样还设置安保义务就违反了原则。一般来说，校园安保人员的配备，数量应该满足学校的面积等各方面考虑，人员数量必须是充足的。巡逻的制度必须是合理的，一晚上至少要巡逻多少次，没有巡逻制度是不行的。比如，班主任对学生的关注等相关规定，这些是法定的安保义务的范畴。老师应该有义务阻止发生的矛盾，这也是肯定的，学生报告后不去处理，肯定触犯了安保义务，发生了欺凌事件学校肯定要承担责任。这是因果关系上的认定，区分为两种：一种是直接欺凌，另一种是间接欺凌。

违法性的判断是事实层面的问题，第一是侵害了权益，第二是构成了损害，第三是欺凌行为与损害之间有因果关系。还有第四就是行为必须是违法的，如果这个行为是合法的，那么自然是不需要承担侵权责任的。关于违法的判断，在直接欺凌里边是比较简单的，一个人把另外一个学生给欺凌了，不管造成的是人身还是精神、财产方面的损害，违法性是显而易见的。主要复杂的地方在于间接欺凌的违法性的判断，学校在哪些情况没有尽到义务、不作为是构成违法的，哪些情况是不构成违法的，主要还是根据安全保障义务去判断。合理的安全保障义务没有尽到，这种不作为就是构成不法性。

如果一个欺凌行为发生在深夜或者安保人员刚巡逻完以后，就不能认为是违反了安全保障义务，这种情况下这个行为就不构成不法性。安全保障义务的判断不管是在因果关系认定还是不法性判断方面都具有比较重要的作用，不法性的判断也是首先考虑有没有违背安全保障义务，只有违背了安全保障义务才能认定学校的不作为对于损害的发生具有因果关系，安保的配备是否合理充足，老师是否尽到对学生必要的关注义务，等等。这是违法性的判断。

最后一个构成要件是过错。对于过错，应当界分是何种责任，归责原则是什么，是过错还是无过错，或者是过错里边的子类型叫作过错推定。要区分几种类型。一般学生实施的校园欺凌行为是过错归责原则，受害人要举证证明侵害人是有过错的，这当然是没有问题的，校园欺凌大部分都是故意，这是典型的过错，既然是故意的肯定是一个过错。当然学生如果是未成年人，他自己不能承担侵权责任，未成年人学生欺凌另外一个学生，这种情况下按照原侵权责任法第 32 条的规定应该是由监护人承担。

监护人的责任是什么责任呢？原侵权责任法第 32 条规定的监护人的责任是过错推定，只要被监护人的子女在学校造成他人损害，首先推定作为父母或者其他监护人是有过错的，当然你可以举证证明自己没有过错，但是原侵权责任法条件比较严格，即便你能够证明自己没有过错，还是要承担一部分责任，可以减轻责任的承担，但是不能完全免除责任的承担。有过错承担责任，没有过错为什么要承担责任，从风险分配、损害分配的角度来说不能完全让孩子自己承担，监护人也要承担责任。

如果学校的教职员工实施了校园欺凌行为，要分成几种情况。如果被欺凌人是无行为能力人，学校的责任是过错推定。如果是限制行为能力人，学校的责任是过错责任，学校有过错的情况下承担责任，这个过错应该怎么认定？刚才说了学生的欺凌和老师的欺凌行为恶意是非常强的，直接的欺凌行为本身的故意都能够得到认定，过错都是可以被认定的。在学生欺凌里边唯一特殊的是监护人的问题，未成年学生监护人的责任，这时候考虑的不是学生是否有过错，而是考虑监护人是否有过错。监护人如果不能举证的话，那么就是过错推定，要承担百分之百的责任，如果他能举证证明自己没有过错，那么他还是要承担一部分责任。对于教师等工作人员的欺凌行为，他本人是故意是没问题的，除此之外，在责任构成方面因为要由学校来承担责任，还要考虑学校的过错。学校的过错怎么认定呢？我们对于这个问题的认识存在重大的改变，以前我们都说是替代责任，教师构成侵权，故意或过失侵权，学校自然替你承担责任；现在我们都认为不是这样的情况，作为学校的教职员工侵权是自己的行为，学校要承担责任的话，必须学校自己有过错。

那么，如果教职员工欺凌学生，学校的过错表现在什么程度？认定标准为何？理论一般是这样构建的，就要看对这个教职员工的选任、监督、培训有没有尽到义务，选人的时候有没有选好，有没有重大的问题，培训的时候有没有培训到位，告知的时候有没有告知。学校的过错跟老师的过错规定标准是不一样的，比较法上有一些案子很类似，我们国家有德国也有，医生做手术之前必须告知手术的风险，不管是书面告知还是口头告知都要告知病人和病人家属有这样的风险，否则就有过错。比如，有一个医生因为偷懒或比较忙没有把这个风险告知患者，做完手术副作用就发生了，这个时候不是医生承担责任而是医院承担责任。法院论证的时候说医院有过错，过错是什么呢，医生没告知就是因为医院没有培训好他，没有告知好他，没有告知他做手术之前一定要千方百计告诉每一个病人风险，这样医院就是有过错的。过错的形态不一样但是也是有过错的，现在我们认为雇主要承担责任，不是替雇员承担责任，而是为自己的过错买单，不是为别人的过错买单。校园欺凌的侵权责任构成应该从这几个构成要件去分析，这几个要件满足之后就可以认定其侵权责任构成了。

其三：校园欺凌侵权责任的责任形态

校园欺凌侵权责任的责任形态分成两大类：第一类是学生实施的校园欺凌，第二类是教师等其他学校工作人员实施的校园欺凌，分两种情况看。第一种，学生实施的校园欺凌的责任形态分成几种情况。如果一个学生实施的欺凌行为，不管是对别人收保护费还是故意戏弄侮辱他人，由其承担侵权责任，这是没有问题的。如果是多个学生共同实施欺凌行为，一块殴打一个学生或者侮辱他，他们之间事前商量好了去找被欺凌者，这就是事前联络商量的共同侵权行为。共同侵权要承担共同侵权责任，每个人都有义务赔偿全部的损害。

这里存在特殊的问题，教唆欺凌的情况，一个大孩子教唆几个小孩子去欺凌一个学生，这个问题有点复杂。如果这几个学生都是成年学生或都是未成年学生，连带责任是没有问题的，但是有问题的是一个成年学生教唆几个未成年学生去欺凌一个学生，这种责任承担跟前面是不一样的。按照原侵权责任法第 9 条的规定，教唆人和帮助人是和欺凌学生承担连带责任，但是被教唆的未成年学生的监护人承担的只是一部分责任，一个成年学生教唆三个未成年学生去欺凌一个学生，教唆人和帮助人有义务承担全部责任，但是这些被教唆的未成年人的监护人只就一部分承担责任，比如考虑他的孩子在这个欺凌里起到的作用有多大，损害有多大，他只承担一部分，而不是全部责任，这是原侵权责任法第 9 条明确规定的。此为单向连带，不是一般的连带。单向连带是一个人连带其他几个人，其他人不连带。

还有一种是按份责任，两个学生临时碰到一起，就临时起意去实施欺凌行为，或者有些学生并没有实际参与这样的欺凌，只在旁边观看。没有实施欺凌行为但是对于受害人的心理创伤也是一样的，几个人在欺负他你不阻止还叫好，对侵害行为的发生应该承担一部分责任，不用承担全部的连带责任。按份的问题比较简单，承担他自己的份额，他的行为对于损害的发生有多大的贡献力，主观上的过错程度，是故意、重大过失还是轻微过失，认定他的份额，这是按份责任。

如果未成年学生应当按照原侵权责任法第 32 条的规定，由他的监护人承担责任而不是由他承担责任。还有一种情况是这里边涉及学校的责任，学校承担侵权责任是什么问题，是间接的欺凌行为，学校要承担责任，如果违背了安全保障义务，没有尽到必要的管理职责应当承担的是补充责任，这个补充责任应当如何认定呢？原侵权责任法第40条规定的是幼儿园学校或其他教育机构未尽到管理职责应当承担相应的补充责任，多了"相应的"三个字。

首先是由直接实施欺凌的学生去承担侵权责任，如果他不能够承担或者不能全部承担，没有那么多钱没有能力去赔偿，这个时候学校承担的是补充责任，但是这个补充责任是不是说实施欺凌的学生没有能力赔剩下的全部学校赔？不是。如果讲的是补充责任那就是全赔，但是这里面加了三个字是"相应的"补充责任，按照一般的认识认为相应就是一部分责任，根据违法行为对于损害发生的作用力的大小、过错程度确定他的份额，学校承担的是一部分责任，不是补充性的兜底责任，而是有限的补充责任。

这一大类都是学生实施的欺凌行为，下面要讲的是教师等学校工作人员实施的校园欺凌的责任形态。学校教职工实施的校园欺凌行为按照一般侵权法的理论，如果是雇员实施的欺凌行为要由雇主承担责任。校园欺凌比较特殊，特殊在它不是一般的侵权行为，而是故意侵权，当然有很少一部分说教职员工或学生是无意的过失行为导致孩子受到侮辱，侵害了孩子的自尊心，但是大部分情况下欺凌行为都是故意而为之的，所以在大部分情况下它应该是教职员工的故意的欺凌行为、侵权行为，这跟一般的雇员实施侵权行为雇主承担责任有所不同。

如果雇员是因为故意或重大过失导致损害的，应当是雇主承担连带责任，这个规则是我们国家的特别的规则，比较法上没有看到相应的规则。我们国家这样的做法似有保护弱者地位不力之嫌，雇员必定是在给雇主打工，打工过程中实施了侵权行为应该由雇主承担责任，这个情况让雇员跟他承担连带责任，责任稍重。有些国家讲雇员解放，不管什么情况下都是雇主承担责任，不用追偿，我们国家的归责设计不利于对一般劳动者的保护。实施欺凌行为的教职员工要和学校一块承担连带责任，连带责任就是受害人可以选择，如果找学校由学校赔，如果找老师就老师赔。学校承担完连带责任之后可以向雇员追偿，按照我们的规定，雇员只有在故意或重大过失的情况下雇主才可以追偿。教师等工作人员实施了校园欺凌首先由他本人和学校承担连带责任，学校承担责任之后可以向实施欺凌行为的教职员工个人进行追偿。

其四：校园欺凌的侵权责任具体的损害赔偿规则

第一是造成了人身损害，侵害生命、身体健康要进行人身损害赔偿，包含医疗费、护理费、交通费。如果有伤残的话有伤残赔偿金，造成死亡也有死亡赔偿金。伤残赔偿金要根据伤残鉴定的等级进行认定，一般是根据当地上一年度的平均收入等因素去判断赔偿。精神损害赔偿，侵害了生命健康毫无疑问要进行赔偿，除了医疗费、护理费等还要对受害人的痛苦进行赔偿。赔偿多少要根据受害人的受侵害程度及欺凌人恶意的程度和欺凌手段等进行综合判断。

第二是财产损害，财产的赔偿数，财产损害的数额有多少，可以通过市场价格去认定。

三、与谈人发言

韩国、日本有关校园欺凌的专门立法

赵晓舒

韩国 2004 年出台过一部法律，由于韩国的校园欺凌情况比较严重，俨然是很重大的社会问题，所以迄今已经经过了 18 次修改，最大幅度的一次是 2012 年到 2013 年，2013 年有最后的修订版本实施，新修订的版本对于校园欺凌用的是学校暴力这个词，其定义是学生之间在校内外发生的以暴行、胁迫、孤立等方式造成身体及精神损害、财产损失等结果的行为。具体表现在伤害、暴行、监禁、胁迫、引诱猎取猥亵、名誉毁损、损坏财务及集体孤立等行为或者驱使上述行为的行为。我们从这个定义可以看到韩国关于校园欺凌是发生在学生之间，不限于校园内外。有一点不同的是有很重要的表现形式是孤立，现在比较新型的，不仅在韩国，日本也主要表现为孤立行为。经过每年的数据调查结果显示，造成学生自杀率最高的诱因之一，就是被其他同学孤立。往往跟一些网络的欺凌相结合，在现实的案例里边。

韩国政府投资研发了 App，叫智慧警察，家长手机里下载一个这样的 App 之后能够掌握孩子几点到学校，什么时候从校园里出来，以及孩子的定位。学生如果利用手机或者其他联网的电子设备在搜索一些词，比如校园暴力、学校暴力或者怀孕，校园暴力对于女学生来讲涉及猥亵，还有怀孕、虐待，该设备词库非常庞大，只要学生曾经收过这个敏感词，父母那就有警示，就要注意一下孩子这方面的问题，这也是韩国政府的一项举措。

日本也有一个单行法是校园欺凌防止对策推进版，这部法律出台得比韩国还要早，但是它对校园欺凌的定义跟我们有点不太一样，狭义的概念是发生在儿童学生之间通过直接或间接的方式对某一个或某些学生、群体进行肉体精神方面的伤害，不一样的地方在于广义的范围，广义的范围还包括针对教师的欺凌和对学校设施设备的恶意破坏毁损。日本广义的校园欺凌里相当于被欺凌人里包括了教师，也有学生针对教师的欺凌行为。

日本单行法第 19 条专门规定了网络欺凌，网络欺凌现在的法条直接规制的是有点类似于我们的网络侵权责任，发现欺凌行为的时候可以向相关网站要求采取一些必要措施，比如删除等措施，如果网站没有及时删除的话，要和侵权人承担连带责任。现在的网络欺凌条款的规定都是直接作为式的侵权，典型的侵害名誉权这类的案件，反而是关于孤立行为，不理这个行为很难界定侵权。对此，鉴于韩国现在有大法院的判例，应当认为，如果是集体孤立行为造成学生自惭自杀甚至严重的心理抑郁，只要有医生的诊断证明他受到很大的损害，损害已经构成的话，学校不能以不知情为由来免责，相当于学校没有尽到相应的管理责任，由学校来承担责任，不能以不知情为名义来免责。

美国对反欺凌最严格的有一个法律是新泽西州的反欺凌法，2010 年出台的，从定义就能把网络欺凌的行为带出来，通过书面口头电子工具或身体动作和姿势造成对方身体或精神上的伤害或财产损失，或者造成对方陷入这样的伤害的恐惧，又或者创造了不友好的学习环境，实质上影响到学校的教学和管理秩序，这样的行为都是属于反欺凌法规制的范畴。关于创造不友好的生活环境，一个有作为式的模式，还有是不作为式的孤立，都涵盖在这个内容里。

关于作为式的侵权，刚才师兄已经讲得很详细了，但是孤立式的现在很难界定，每个学生都不理他的话是不是要界定每个学生都侵害他了，要从教育机构入手，相当于学校没有尽到职责，都是从这方面进行侵权的界定。

以后我国立法针对相应的情况，校园欺凌在立法的时候也要引出网络欺凌的相关条款，因为我们也是互联网大国，中小学生对网络的利用程度非常高，校园欺凌行为除了跟法律有关，它实际也是社会问题。在学校解决这个问题，不是事后怎么赔怎么惩治，重在预防，学校对学生心理状态的掌握情况如果做好了，相关的问题会减少很多。北师大心理学学科优势明显，所以我们心理学专门有一个社团，每个班级都有一两名学文化使者，像心理委员，经过心理学院心理专门培训，取得了相应的资质，如果学生有相关的心理问题出现，学文化使者要向老师报告，班主任要第一时间向院领导汇报解决相关的问题。学生因为各种压力有情绪抑郁或者学生之间有矛盾，是比较严重的问题。需要在第一时间去预防它，到已经出现持续赔偿就已经造成很严重的损害了，还是重在预防。

我们学校还给各个学院配套了相应的心理老师，每个学院的师生如果出现心理问题都有专门的心理老师来进行及时应对，有热线，进行免费的心理商谈，提前约时间。我听到别班有学生做过这个，效果挺不错的，解决校园欺凌问题除了从法律入手，还要跟心理辅导相结合，第一时间做好有效预防。

关于校园欺凌相关概念的认定

李佳伦

刚才我在想孤立的问题，如果放在我们国家现有的人格权法律的框架下是不是能确定到人格权里面去，生存权是否需要其他人配合，这是一种认同感。出于对学生的保护，可以在这方面作一个稍微扩大点的解释，让它尽可能得到一种保护，能落到实际权利上。

关于欺凌持续性的问题，刘老师认为一次性的算普通侵权，至少两次以上则为法定侵权行为，现在网络很发达，很多欺凌行为是被录下来发到网上，持续性的界定或者范围是不是因为我们传播模式发生了改变，要被打破一下。我刚开始接触到校园欺凌这个问题，我在想时间地点人物要跟校园欺凌对得上，人物要是学生，这两个学生可能不是一个学校的。举一个案例，一个黑龙江大学的和一个云南大学的发生了冲突，一个人被另一个人打了，假设这个事情也放到了网上，持续性也可以解释得通，这到底算不算校园欺凌需要去解释。

关于安全保障，我认为校园欺凌问题之所以现在没有体现出独立的类型，很多行为归类到其他侵权行为类型里作一般处理，比如放到安全保障义务里第37条去理解，但是校园的安全保障义务和公共场所的安全保障是有区别的，来源不同。商场是以盈利为目的的法人，跟学校不一样，我们是否可以把学校划分为公立的和私立的。

关于过错，如果被欺凌人事先有主动的挑衅行为，欺凌的人承担的责任是不是可以免责。围观者把整个欺凌过程录下来发到网上，他是出于什么目的，发布内容者下面会有评论，评论可能会涉及视频内学生的隐私。评论很多的话隐私自然就被暴露了，是不是也像因果关系一样，没有发布行为就没有评论的行为，隐私也就不会被大家知道。发布者的故意，按照新闻法上说发布者把这个话题拉到公共领域，它是一个新闻，发布者发布的是事实，是真实的，是否就能免责，但是又不能认为被公布隐私的人他的隐私得不到保障，最后找不到承担责任的人。近日，一个男生因为在课堂上跟一个女生发生了观点的冲突，那个女生公然反对他，他心里很不舒服，下课的时候他从后面踹了那个女生好几脚，好多人在网上公开了男生的个人信息。他可能对这个女生有侵权行为，但在没有公权力机关判断他是否构成侵权甚至违法的时候，做一件错事就要被公布个人信息，可能会影响到他之后的就业和前途，这个事情到底由谁来保障？还是他要为自己的所有行为负责？谁有权公开施暴者的个人信息？这也是欺凌事件在大互联网情况下需要关注的问题。

行政法视角下的校园欺凌问题

崔俊杰

第一，关于校园欺凌的界定，要不要界定重复性的问题，从行政法来看，国务院有一个规范文件。从政策文件的角度和过去在法律上的认知是不太一样的。我个人也觉得针对近期的校园欺凌的情况来看，重复性未必是一个必要的条件，因为它只要实施了一定的校园欺凌行为，就可以界定为校园欺凌。

第二，刚才李老师提到从行政法的角度考虑它的话，就是教育管理权的界定和落实的问题。教育管理权，法律上其实没有明确的界定，而召成老师从民法的角度去界定这个责任，从行政法的角度我们需要界定的就是教育管理权的范围是什么，教育管理权的方式是什么，教育管理权的实施程度是什么，对此应该通过行政法规或者别的规范性文件去作进一步的明确。同时在明确的过程中，因为不同的学校、不同的学生以及同样的学生在不同的阶段身心特点是不太一样的，由于不太一样，需要做类型化处理。因为他的身心不太一样，学生的阶段不太一样，教育管理权的程度和方式就应该会有所区别，所以反过来如果从行政法角度来看需要在这方面去作不同的划分。

刚才谈到校园安全条例的问题，最近这几年校园安全法的呼声一直很高，只不过立大法比较难，我们想的第一步是立小法，国务院通过行政法规的方式来立法。我个人觉得校园欺凌问题不仅仅是民事法律的问题，也是行政法律的问题甚至刑事法律的问题，我个人觉得有三个方面需要在立法中解决。

首先，应该明确规定校园欺凌的预防措施和标准，主要是针对管理者而言，对学校来说的。

其次，进一步明确校园安全管理机构的职责和制度。刚才听了赵老师的发言我很受启发，校园安全管理机构，不仅仅包括学校，我们过去一直把它看作是学校，实际在这方面政府或者社会组织也应该承担一定的责任。

最后，要明确家庭、政府、社会三者在校园安全这块的保护责任与义务，如果要立法的话这三个方面是应该解决的。

各国校园欺凌法律制度现状

荣利颖

2015 年中国留学生翟云瑶在美国殴打一个同学的案件备受关注，她在法庭上还觉得无所谓，完全没想到自己会被判终身监禁，对待校园欺凌的态度上我们国家和国外有很大的差别。为什么要法治教育进课堂，也是我们的学生缺少法治意识，回应李老师说的我们是不是应该对校园欺凌作一个划分。对于很多孩子的群体性欺凌已经是一种犯罪了，这种欺凌才是我们真正要正视的欺凌。

现阶段的校园欺凌行为呈现暴力化、行为人低龄化、发生普遍化、后果严重化的特点，而且校园欺凌已经不限于男生了，女孩子现在校园欺凌的情况也特别严重。刚才赵老师介绍了日本和韩国的情况，我很同意赵老师的观点，法律具有滞后性，出现了情况应该怎么办。我查了一些资料，挪威、德国、美国，尤其是挪威做得特别好，专门出台一个法律就是挪威中小学校园欺凌预防项目研究，着重于预防，在德国也是。

挪威是 20 世纪 70 年代开始对校园欺凌进行研究，为了强化校园欺凌的研究效果，反复修改教育法，目的是赋予学校预防欺凌的义务，预防欺凌不仅是学校的义务，预防欺凌主要是在中小学尤其是高年级阶段的中学，包括大学以及研究机构、社会都开发出很多项目，就像刚刚提到的智慧警察 App，给学校提供选择，帮助学校实现预防欺凌的任务。我们国家反复出台了各种各样的法案，刚才崔老师说的国务院教育督导委员会办公室关于开展校园欺凌专项治理的通知，这也是我们第一次从国家层面开始提出对校园欺凌治理的要求，还有教育部九部门关于防治中小学欺凌和暴力的指导意见，都提出了针对性的防治法案。

校园欺凌的预防及责任归属

荣利颖

法律的保障，民法的救济是最后一道救济，欺凌发生在学校教育过程中或者学校以外的学生日常生活中，救济之前的预防是更重要的事情。关于预防，政府越来越重视，也出台了相关规章制度。个人认为，家长有监护责任，孩子虽然作出这样的行为是个人的行为，家人对孩子有监护的义务和责任。

关于校园欺凌行为责任的问题，从未成年人保护的角度来说，我们当然要强调对于未成年人的隐私权和正常人的合法权益的保护，要考虑对他的教育、发展的影响，但作为一个教育领域的研究人，我实在觉得很多孩子不给他看到必要的法律后果，不起到惩戒的作用，没有办法让他意识到这件事情的严重性，从而起到禁止的作用。关于欺凌者的责任的承担，个人认为在当前没有一个很实质的规定，对于非常过分的人身的很严重的伤害，应该负起他生理和心理的后果。现在以青少年的身心发展速度来看，身心相对于智力来说比较早熟，有必要考虑我们的法律文献相应提前，让孩子们承担起相应的责任。

以儿童权利保护视角为切入点

刘兰兰

校园欺凌我以前关注过，民法的法律责任我了解比较少，但我梳理了规则原则，前面每位老师以比较法为视角进行讨论，我对校园欺凌的关注是从儿童权利的角度进入的，有关校园欺凌、校园暴力，每个国家的立法都不一样，为什么有些国家的立法保护程度比较高，可以追溯到联合国《儿童权利公约》，联合国《儿童权利公约》是目前世界上签约国家最多的具有最广泛性的国际人权公约，我们国家也是，这个公约里面国际法上已经明确规定了怎么去保护儿童的权利。

有关校园暴力、校园欺凌的行为是在公约的第 19 条这样规定的，缔约国应采取适当的立法行政社会和教育措施，不同于我们过去的立法行政和司法方面的措施，它还有社会的措施、教育的措施。有关的机构甚至托儿所、幼儿园这样的教育机构，照料时不致受到任何形式的身心摧残、伤害或凌辱，忽视或照料不周，虐待或剥削包括性侵犯，这就可以理解为什么有些国家把排斥的行为放在里面，因为本身它就是对儿童权利的侵害。

第 19 条第 2 款继续讲到保护方式，这类保护措施应该酌情，采取有效形式建立社会方案。从公约的条款来看解决这类问题不仅仅靠法律还要靠社会机制，向儿童和负责照管儿童的人提供必要的支持帮助，对于教育机构、教育人员负责照看的人以及教职员工都要提供社工的服务，采取其他的预防形式，这就是之前很多老师讲到的校园暴力、校园欺凌的行为不是由法律的形式来解决，重在预防措施。建立一种追究侵权事件的机制以及适当的时候进行司法干预。司法干预是最后的底线，但是之前的报告，韩国有这样的制度，甚至还有查询调查的职能，从第一款第二款来说，第一款讲实体权利，第二款是制度的保护。

任何儿童不受酷刑或其他形式的残忍不人道的有辱人格的处罚，韩国校园暴力的法律中把老师也加进去，只要造成了精神上或者身体上的侵害，都是一种残忍不人道的处罚，都是国际公约禁止的。为了更好地解释公约的内容，2011 年联合国儿童权利委员会发布了很重要的一般性意见，第 13 号一般性意见，题目叫作《儿童免遭一切形式暴力侵害的权利》，专门对于所有的有关儿童遭受的暴力行为进行了更详细的列举。今天我们讲校园暴力或者校园欺凌，可以从人权的角度来看。

委员会人员认为校园欺凌的本质是种侵权行为，从社会法上来讲可以看到它就是一种暴力，这种暴力的方式有多种多样。校园欺凌是针对儿童青少年的暴力形式，跟其他针对儿童青少年的暴力形式一样，这种欺凌是对儿童的生存权利、发展权利、人身受保护的权利、参与的权利造成严重的影响，所以我们国家的法律中对于校园暴力、校园欺凌的规定是对于人身权、财产权和一般人格权，作为宽泛的解释包含生存权、发展权，这就是我们要把排斥、忽略行为一定要放在欺凌行为中，因为你排斥孤立忽略鼓励这种行为，就是剥夺儿童青少年在学校或教育系统中生存发展。校园欺凌就是种暴力形式。

作为一种暴力的形式，肯定影响青少年的个人健康发展，而且也影响社会。怎么界定欺凌，怎么界定校园的暴力，委员会的态度就是暴力本质上是通过躯体的力量或者权力达到控制某个人的行为，从而造成身份上的不平等，使受控制的一方或者使弱者害怕服从从而建立一种不平等的关系，无所谓到底是一次性还是可持续性的，只要是造成了对方心理上或者身体上的被控制或者造成一种压制不平等的地位，这种行为就是暴力行为。

对校园欺凌的行为，委员会的态度是很明确的。委员会认为任何针对儿童的暴力行为都是不可以原谅的，我们现在讲学校的惩戒权、教师体罚的权利也是可以进一步探讨，这也是某种形式上的暴力。所有对儿童施暴的现象都是可以预防的，这种施暴现象最关键的不在于用法律的方式为他追究，最重要的是进行预防。报告制度、调查制度、追踪制度都可以建立起来。

校园欺凌问题的立法分析

安丽娜

针对校园欺凌，法律的缺位不一定是校园暴力频发的最重要的原因，但是对于实施欺凌者相关责任追究、政府教育职能行使的出发，还是有必要制定关于校园安全方面的立法。我们为什么需要这样一部校园安全立法？第一是现在规制校园安全立法没有单行的统一的立法，第二是现有的还是以比较低层级的法律位阶的规章或者规范性文件来治理，密集地进入官方视野来开展对校园欺凌的治理集中在 2016 年，教育部文件、五部委的文件出台都是在 2016 年，我们需要一部单行的立法实现治理校园欺凌手段的常态化。校园安全立法除了通过低位阶为高位阶汲取经验之外，我们往往会走从地方到中央的路，天津已经出台了《天津市学校安全条例》，值得我们借鉴。

在立法可行性必要性方面，何老师谈到了现行法律体系有漏洞，刘老师从民事责任给我们一个很清晰的样态呈现。刑事责任里，很多发生校园欺凌事件之后，由于实施行为的欺凌者没有达到刑事责任承担的年龄，即使他手段方式都十分恶劣，但是也不能接受刑法的惩罚，在民事责任之外需要单行立法进行规制。

针对这些问题现在有一些呼声，除了立法之外还有实现刑事责任的低龄化建议，也有学者提出构建一种校园警察制度，把校园警察纳入现有的警察序列成为一个新的警种，虽然呼声还比较弱，已经有这样的提法。更重要的是大家刚才已经达成共识的，在校园欺凌方面引入社会领域的专业化的社会干预的力量更加重要。预防机制和干预机制的建立，特别是针对未成年人领域的校园欺凌来说，未成年人的成长特点和身心特点有它的特殊所在，更需要一些专业人员以这种专业的方式方法来进行系统的教育矫治。

校园欺凌问题的立法分析

李 昕

我个人偶然接触对于校园安全的专家意见稿的起草，在这个过程中对于校园安全包括民事责任有一些关注，2010 年实施的侵权责任法对于学校安全事件发生之后学校责任的规则原则，在 2010 年侵权责任法第 38、39、40 条里都有规定。在这个规定了解的过程中，我发现校园欺凌、校园安全问题的解决应当建立在多学科的对话之上，不仅是对于法律责任追究的问题，还包括整个系统的法律建构的制度，涉及 2010 年侵权责任法里对这个问题怎么理解。2010 年侵权责任法中间不仅对于学校侵权责任进行了类型化的梳理，而且还确立了多元化的举证责任分担的标准，同时在这里留下一个问题就是规则标准的问题。

教育管理职责不是以过错进行判断的，而是以制度客观化的形式呈现出来的，这样一种呈现使得我们在实践中，需要有一个客观化的制度化的呈现。基于这样的客观化的制度制定的需求，我们现在提出来要求在国务院下面制定一个行政法规叫作学校安全条例，这是已经提到日程上的，试图通过这样的安全条例以客观制度化的方式规定学校教育管理职责到底是什么，即使这部行政法规出台了，立法本身不可能穷尽所有的事项。学校向我咨询在这种情况下打电话叫救护车，救护车不能及时赶到的情况下我们能不能用学校的车送这个孩子去医院救助，如果学校的公车不能的话我们的老师能不能用私家车送这个孩子去医院救治，我们会不会因为这样一种处理不当承担教育管理职责以及因此要让我们承担民事赔偿责任。在这点上如果要求我们在立法上把这样的情况无一遗漏地列举出来显然是不可行的，教育管理职责有些是可以制度化，有些时候很难进行制度化的呈现，责任的承担方面怎么进行相应的裁判，可能会影响到两个关系。一方面影响到对于学生的权益保障，另一方面如果过度追求教师这里边的责任，会影响到教育的可持续性发展，因为老师觉得无所适从。现在我们学校安全事件中最大的就是两者关系的取舍和平衡方面我们很难掌握，无论是民事责任的承担方面还是立法方面，对于学校的教育管理职责以制度化的方式呈现出来提出了挑战。

希望通过我们对这些研究，我们学术沙龙的活动，集聚我们对这个问题的理性分析。

第六期　教育选择权的法理考察

一、沙龙简介

（一）参加人

主持人：李　昕　首都师范大学法律系教授

主讲人：何　颖　首都师范大学教育学院助理教授

与谈人：杜强强　首都师范大学法律系副教授

　　　　荣利颖　首都师范大学教育学院副教授

　　　　张　爽　首都师范大学教育学院副教授

　　　　王理万　中国政法大学人权法研究中心助理教授

　　　　刘兰兰　首都师范大学法律系助理教授

　　　　安丽娜　首都师范大学法律系助理教授

　　　　崔俊杰　首都师范大学法律系助理教授

（二）内容概要

个人的教育自由具有比国家的教育权力更悠久的历史，二者在当代教育制度下正当并存，都应当受到尊重。教育选择作为受教育者在公共教育制度中的自主意愿的表达，是国家公权力和个人教育自由的交汇点。在我国的实定法中，教育选择是一项虽未明示为权利但实际包含于既有法律体系中的法益。教育选择之所以以当前的权利存在，并非出于立法者的主动设计和系统规划，而是伴生于教育的市场化运作和对公民就学机会平等的促进。从而，现行法规有关教育选择的规定没能完全匹配教育中应有的选择，也不能完全满足人们的教育选择需求。当前，公民日益多样的教育选择诉求及其日渐广泛的民意基础，揭示了我国教育改革与发展的新动向，奠定了教育选择权保障的社会基础；国际公约对这一权利的肯定则为我国构建教育选择权保障的制度体系提供了经验。

二、主讲人发言

教育选择权的法理考察

何　颖

其一：教育选择权的定义

关于教育选择权的问题，首先需要下一个定义，教育选择权内涵是什么，外延是什么。这里做的界定是依据法律规定，受教育者所享有的对其所受教育进行自主选择的能力与资格。在法律未禁止的权利范围内，受教育者有权利在教育体制所提供的各级各类教育中，依据自身的学习需要和学习能力选择所偏好的教育。这是我对教育选择权的界定。

虽然在法律层面并没有明确规定公民具有教育选择权，但是在学界进行讨论的时候，经常在学理上提出教育选择权这样一个问题。关于这个问题，它是否存在或者教育选择权本身是否是公民的一项权利，有三个主要的观点。观点一，受教育首先是公民义务，教育选择不具有作为权利的正当性。选择意味着是对国家提供的教育的挑选，如果教育是义务，选择权不应该有作为权利的必要性和正当性。观点二，根据学理上讨论，学界对于受教育权的界定中，一般认为选择权即受教育的自由权，对应国家的消极不作为义务，那么对这部分就不应当进行积极的保护，所以选择权不具有作为法定权利的必要性。观点三，根据宪法第33条第2款："中华人民共和国公民在法律面前一律平等"，以及第46条所提及的公民的受教育的权利，教育选择有损受教育权的平等享有，不仅不能作为权利，还应当被禁止。这三种有关教育选择的观点，前两种是从法理规定出发，后一种是以权利择校的现象作为逻辑，对于受教育平等主义的理解出发提出的，从我个人今天的报告来说，我对这三个观点都不太认同，也想和大家探讨教育选择权在当前确定保护的可能性和必要性。

关于教育选择是否是一项权利，要看权利的定义，乌尔比安有一个经典的表述，权利是每个人获得其所应得的东西的永恒不变的意志。对教育领域活动的规范，教育本身的运行基理我们要考虑，在相应的立法和司法实践中应当纳入衡量。要先审视教育合理性，再看一下权利本身，作为社会利益的调节，它的历史变迁过程，既有实定法中的教育选择，还有确立教育选择权的保障和基础。

把问题回到教育本身，教育活动的本质为何，在教育学的研究中，当我们给本科生和研究生上课的时候讲到教育的基础，第一讲一定会提到一个概念，就是康德的人是目的，教育是一个培养人的活动，是施教者对受教者的有意识、有目的、有计划的教育，传递生产经验，培养人、改变人、发展人的活动。在教育研究领域，一直有关于教育是国家本位还是个人本位的讨论，这个一直存在。但是不管是侧重国家还是个人，作为受教育者的人本身的改造和发展都是不可回避的目的。人具有什么样的特征，人的发展是不是标准化、同质化的，人的发展是有个体差异的。尼尔说过个性和发展是一回事，只有个性培养之产生，才能产生出发展良好的人类。就是人的培养必须尊重人的地位，个体的差异，这是人本身的特征，教育是要实现对人的培养和发展，对人的差异性给予尊重和成全。尊重和差异，这应当是教育活动中时刻注意和保持的一件事情。从教育目的来说，要首先考察一下现代教育制度，因为受教育权概念的提出也和现代国家建立之后，国家对教育的干涉和权利变化有关，和现代教育的制度构建有关。现代教育制度发源于两百多年前现代化工业大生产之后，现代教育制度的特征，它是面向社会不特定人群提供教育服务的。换句话说，现代教育是向所有人开放的，保证所有人在其中普惠性获得教育，以此为目标，具有典型的公共属性。为了保证教育的普惠和基本的教育质量，现代教育制度以规模化的运作为重要的制度特征，并且在历史发展中写入国家的规范，还有正式的教育利益关系。在这里面统一性是它最重要的特征，因为统一才能保证规模化运营的有效。这种统一性，尤其是在基础教育阶段表现得特别明显。

再看教育本身，是以人的发展培养为目的的活动，它本身有一个特征，由他者施以控制的过程，教育和个体自主的发展，教育过程中有个体的自主发展，但是教育过程一定是由一方对另外一方施加影响，这是对他者施以控制的过程，本身就是教育活动。再加上统一性的现代教育制度的特征，在这个过程中，受教育者的被动性表现更加明显。对于现代教育制度，世界各国在教育改革过程中有一些变化，但是总体来看，现代教育制度很重要的特点在于，统一性保证基本质量的同时，确实应当看到其有时候难以满足受教育者差别化的需要，特别是对于弱势群体，不管是生理、心理方面有特别需要的受教育者，还是有不同的家长对于教育生态不同的理念和认知，难以满足这种差别化的需要。所以，从个性发展的角度而言，统一性的现代教育制度本身存在着短板，为了避免学校成为表现并追求统一性的规训场所，应该尽可能为受教育者提供可选择的余地，这是从教育本身发展的要求来看。

如果在这个基础上谈教育的平等，应该意识到不能简单地把教育和平等两个概念拆开来看。以往对教育平等的讨论，往往会从教育机会均等这个概念进行认识，机会平等，过程平等，结果平等，这样一种平等观，其实它在一定程度上追求的是表面的和片面的平等。因为如果关注机会均等，没有关注对受教育者的差异化，个性和共性并存与教育的目的是不一致的。人的本身发展具有个体差异，考虑到人的全面发展对教育提出培养个性和共性的双重任务，相比较于教育机会的均等分配，可能对教育平等更理想化的要求是公共教育能够平等促进受教育者个性的全面发展，这可能是一种更加理想化的方式，从要求上也是更高地对平等的理解。

在这样一种基础之上，对于教育平等理解应该有对差异本身的尊重，因为差异并不等于不平等，这是基于个体发展特征决定的。而且从实践层面来看，即使在公共教育中机会均等，但是仍然不能避免在实践活动中家庭的差异，资本的差异，使得人们可以在公共教育之外，有其他的更多的获取教育的机会，或者是完全没有这样的机会。从这个层面来说，如果公共教育不给予弱势群体选择的能力，或者以简单粗暴的方式禁止公民进行相应的自主选择是不公平的。从教育本身的逻辑性来看，我们认为教育选择是具有合理性的。

在教育历史变迁的过程中，在前现代社会中，那时候没有现代法律的框架，讨论权利这个概念不是很妥当，但是如果做类比可以这样说，我们看前现代教育中，教育是家庭事务，它应该属于家庭的私权范畴活动。在前现代时代，教育作为一项现实的事务有其责任归属，是一种自然权利，只是当时并未以现代法律意义上的权利进行表征。根据因生育而建立的血亲关系，父母有权利也有义务照顾养育子女即亲权，除了照顾和身体的照料，还包括对子女人格形成，知识获得和道德养成的责任。到了封建社会，世界各国开始出现了学校，但毕竟能够接受学校教育的人群是少数，而且学校所具有的对个体进行教育的权利，也是通过家庭的委托而来的。从国家这个层面，统治者的层面，由于低下的生产力和生产方式使得统治阶级既无兴趣也并不在乎普通人的受教育程度。这是在前现代社会的特征。亚当·斯密的总结，不论在家庭学习或在学校学习，教育的这一部分，都是由个人的父母或者保护者处置，国家不曾给予保护。

现代国家建立以后的教育权的转移，第一方面是教育事务的控制权部分地由家庭和民间转移到国家，国家教育权这个思想开始出现，最早是德国 16 世纪的宗教改革时期，德国对公民受教育所承担的义务，在立法上是规定比较早的，最早是马丁·路德在宗教改革运动中提出了文化教育属于国家职责的观点，并主张由国家管理教育。到 1848 年法兰克福制宪会议通过的《基本权利宣言》对政府掌握教育的权责作出了宣告。1872 年颁布《学校视察法》，规定政府督学包括私立学校在内的一切教育机构。1973 年颁布《五月法令》，禁止教会干预教育。1985 年任命帝国学校委员会，以中央集权制统一管理教育事务。1919 年《魏玛宪法》第 142 条至第 150 条对德国的公共教育体制和各级政府的教育责任作出了明确的规定。1920 年通过的《基础学校法》，规定公民在 18 岁以前的教育全部免费，同时为家庭困难者提供补贴。到了 20 世纪以后，尤其是"二战"以后，世界绝大多数国家的宪法都规定了国家在教育发展中的积极义务，要求国家为受教育权的实现提供保障，为了履行这些义务，国家必须具有足以担负相应事务的对等的行事自由和责任能力，即要求国家能够在责任范围内自主开展教育行政、管理公共教育事业。国家在教育中的行为能力以公权力为依托，具有合法的强制力，在作为上表现出主动性和强制性的特征，从而在一定程度上具有了权力的性质。

第二个方面，20 世纪后的受教育权的形成是晚于国家获得教育权的过程，这个过程和人权理论的发展有很大关系，和 20 世纪初社会发展有很大关系。20 世纪初，市场万能的神话破灭，国家干预主义和积极法治的理念在实践中产生影响力。在宪法领域出现了"社会权"这个概念，公民受教育权利写入了法律，加大了保障力度。1919 年德国《魏玛宪法》是首部从内容上肯定公民受教育权利的宪法，该法第二篇第四章"教育及学校"专章规定了国家的教育法制。虽然并没有明确地载明受教育权这一概念，但第 145 条中有关免费进行国民小学教育的规定，间接地肯定了公民具有受教育的权利。1936 年的《苏维埃社会主义共和国联盟宪法（根本法）》规定了苏联公民有受教育的权利，在世界法制史上首次在宪法中明确地表述了受教育是一项基本的公民权利。对各种教育实施免费和国家的助学金制度，当地学校用当地语言上课，在工厂、国营农场对劳动力实施免费的生产教育和农艺教育。在此之后，世界上绝大多数国家逐渐将受教育权写入宪法，在法理上明确确立起来了。从法理来看，基本上的共识，它是一项兼具自由权和社会权属性的权利。教育的自由权属性，因为教育和个体的发展相关，和教育特征密切相关，也和教育本身不仅仅是国家事务，它始终还是和家庭相关的，是家庭的一部分责任。社会权的属性，国家规定公民必须接受免费的义务教育，必须要在现代教育体制中进行相应的学习，国家对此给予了控制，所以受教育权应该具有公权力规范的特征，具有社会主义属性。

在当代教育制度下，在现代教育制度建立 200 年间，原本主要掌握在家长手上的教育权在两个维度上发生了转移。横向上，作为教育者的权责部分地为国家所分享；纵向上，受教育者权利的确立削弱了施教者原本在教育关系中的权威地位。国家的教育责任存在着高于或者说复杂于个体私人的教育礼仪之处，并且与其威权相结合。国家本来作为权利的相对方而存在，但这种义务行使之中因其特殊性发生了转换，在一定程度上表现为一种以国家强制力为依托的权力。由于私人的教育利益与国家的整体教育安排有时并不能完全一致，二者在教育中的权能和力量此消彼长。义务教育阶段公立学校的分派招生使得国家教育权力与个人的教育意愿的矛盾无可避免。不同片区的经济文化和居民的社会阶层存在着现实差异，因此不同学校的办学特色和办学质量有所差别，从个体自由的角度来看，政府所规定的教育制度，制约了个人和家庭对教育的追求，这个矛盾是不可避免的。在这样的制度性矛盾之下，如果政府或者家长足够克制，尊重公民适度的选择，尊重公民的受教育自由，二者之间的矛盾就不会那么尖锐，但是在现实情况中并不理想，就我国的情况来看，实践中存在一些问题。为了了解在我国的法律体系中，公民在多大程度上具有教育选择的自由，首先是不是有，以及在多大程度上有，以什么样的方式存在，为什么给公民教育选择，我作了如下文本分析。

其二：教育选择权的国内外实定法考察

选取现行有效的法律、行政法规（含行政法规性文件）和由教育部发布的部门规章作为分析对象。从法律文本的规定来看，我国法律并没有明示宣告教育选择权。宪法第 46 条规定中华人民共和国公民有受教育的权利和义务。国家培养青年、少年、儿童在品德、智力、体质等方面全面发展。这是宪法对公民受教育权利的唯一宣告，但是宪法本身有高度的概括性，所以教育选择权具体的内涵、外延和相应的保障方式，这些问题在宪法中是没有明确的。相应的规定是在教育法第 43 条规定了受教育者享有的权利，总共五款内容：前三款规定公民有权利接受何种教育；第四款认为是受教育者的要求，在教育活动中，如果有不满意的时候，可以如何保障自身的权益；第五款是兜底性条款。该规定在确立受教育权内容的时候，没有关于教育选择权的规定，我国现行的教育法律法规包括规章这个层面，从宪法到教育部各项规章中都没有以教育选择权的字样，授予公民有教育选择权的类型化的方式，来保障公民的教育选择权的权利。但是这并不是说我国公民在现行的公立教育体制中不具有行动空间。

根据对目前规范性文件的考察，可以看到当前在有关教育事务中的教育选择中，包含于现行法律体系中的法益，当前在有关教育选择的法律规范上，存在三类、六个维度的规定。第一类是公民可能享有的教育选择，第二类是禁止公民进行的教育选择，第三类是公民确定享有的教育选择。六个维度包括选择教育类型的相关规定、选择教育形式的相关规定、选择教育提供者的相关规定、选择教育内容的相关规定、选择教育过程的相关规定、为教育选择权利提供保障的规定。教育形式上可以在全日制和非全日制方面进行选择。教育提供者方面，进城务工人员子女在义务教育阶段可选择在户籍所在地接受教育，等等。教育类型方面，适龄儿童少年不得放弃义务教育。教育形式方面，义务教育必须以入学形式接受。教育内容方面，义务教育学校的教育教学内容、课程标准必须由国家确定，义务教育学校不得选用未通过政府审核的教材。可能的选择归纳不全面，因为这个分析有一段时间了，但是这两年教育部出台了一些新的规定，是有一些弹性的，法律法规并没有明确公民可以为之，但是也没有禁止，提供了这样一些可能性。

因为教育选择进一步发展面临的基础使它具有扩大的可能性，虽然没有法条明确的宣告，但是有选择的自由空间。可以认为，教育选择从性质上来看，在我国实定法是用法益这个概念概括，一种狭义的法益，是在法律在一定范围内允许，但是未以立法方式类型化为权利的法益。成年人认为教育有更多的选择，而儿童在受教育上有一定的限制。在30年教育法治建设中，对个体自主选择的赋权与规约，突出地体现出两条行动逻辑。其一，作为教育的市场化运作的配套措施，用以提高教育供给的数量和质量。一个直接原因是配合朝向市场化的教育改革，通过市场化提升拓展教育的资源，提高教育供给的数量和质量，从若干次政府文件规定都是可以看得出来的。其二，用以保障公民就学机会平等。仅有一些程序平等的规定，并不能消除在机会上的选择，所以根据弱势补偿的原则，对一些有需要的人群给予了更多可选择的自由，比如说可以临近入学，随迁子女可以选择在随迁地接受义务教育，这是为了保障就学机会的平等。相关的规定里，对个体受教育者自主选择的许可，更多被视为教育发展的工具，可选择这样一个目的性的价值，对受教育者个性化发展的考虑和满足，并不是优先考虑的对象，这是我国当前实定法中的考察，它是一种工具性的，而不是目的性的，这是当前的特点。

在这样的特点之下，随着国内社会变迁和教育发展的变化，当前实定法中的禁令屡屡被挑战，择校、异地高考，在家上学。在公民已然要求上好学的阶段，仍然以有学上阶段的要求来保障公民受教育权利，则显然难以适宜新时期的教育发展需要。强势政府之下，教育选择权若没有以类型化的方式通过立法途径明示和保护，容易受到公权力的侵犯。这些群体实际的受教育权的保障并不是很充分，实定法中明确禁止当前的选择。北京最近都很关注天价学区房的问题，还有异地高考引发的冲突，每年高考报名的时候很多人上访等，这样的现象很明显体现出实定法中的规定对选择的保障以及禁止，并不能匹配人们的教育需求。事实上，这个问题并不能简单说是公民不遵纪守法，没有法治意识，应该看到法律的规定和社会的变迁以及教育发展，并不是同步的。随着教育社会的发展，公民对教育的要求和 10 年前不一样了，现在对公民教育要求不是有学上，而是上好学，我们接受公立教育，而且要求是有质量的教育。基于这样的原因，我个人的观点，或者教育选择以当前的方式，以法益的方式存在，并不能特别好地适应权利保障的需要，满足公民的受教育的需求，提出教育选择权的确立和保障的基础，除了有现实需要之外，还有国际人权法对教育选择权的宣告。《世界人权宣言》《经济、社会及文化权利国际公约》《公民权利和政治权利国际公约》等都有相关表述。《儿童权利公约》也规定了相应的权利。《世界人权宣言》第 26条第 3 款指出，父母对其子女所应受的教育的种类，有优先选择的权利。《儿童权利公约》确立了儿童权利保护的儿童最大利益的原则。关于儿童的一切行为，不论是由公私社会福利机构、法院、行政当局或立法机构执行，均应以儿童的最大利益为一种首要考虑。从教育实践具体方面，当我们考虑是否允许个体进行某一种教育选择的时候，应当考虑优先的最主要原则。

从其他国家的经验来看，对公民在教育体制中选择的保护和尊重，并不必然会导致公立教育的瓦解，导致公共教育目的的破坏。20 世纪 80 年代之后，随着当时在全球范围内发生的以市场化手段改革公立教育体制的浪潮，在消极地允许受教育者选择私立学校的基础上，各个政府还发展了若干积极保障公民的教育选择权利的措施。改革的思路包括打破原本严格遵循属区入学原则的公立学校分派体制，将选择权的行使范围扩大至义务教育阶段的公立学校间，并且对受教育者及其家长在公私立学校间的选择予以自主。在教育自由度比较高的国家，宪法和法律都规定应为义务教育的非公立教育提供资助，像荷兰、爱尔兰等国家都写入了宪法，欧洲大陆绝大多数国家，法国、卢森堡、丹麦、比利时，都可以资助被认可的私立学校，这些直接或间接地对私立学校的经济辅助，一定程度上减轻了公民选择私立学校的经济负担。另外，在德国和卢森堡这样一些国家，除了直接向私立学校提供资助，还将收费范围限定在一定范围内，尽可能帮助贫困的家庭具有教育选择的行为能力。许多国家和地区的法院允许儿童有条件地在家上学，美国有 50 个州制定了允许在家上学的法案。在欧洲除了德国、瑞典和西班牙，其他国家在教育部门监管之下在家上学都是合法的。芬兰的教育测验都是很理想的，它的宪法是禁止教育部门对家庭提供的教学进行监管，这是特别自由主义的做法。在亚洲，像日本、泰国、我国台湾地区和香港特区，都允许政府监管之下在家上学，所以个体以及家庭，以一种个性化的方式进行学习或者教育，提供制度上的可能性进行保障，此类经验可以给我们一些启示。我自己也没有想得特别清楚，希望向各位老师请教，如果我们有一种类型化的方式确立公民具有教育选择的权利，这样的权利，它的行使边界如何进行规定？权利如何被保障？在立法层面进行相应工作，是一个长期需要博弈的过程。应该看到，从教育实践的发展逻辑来说，公民的需求哪怕不是特别重视或者说需求导向，也要考虑国家的利益，国家公共教育的目标的维系，在这个过程中怎么样去适应社会的变化，适应时代的变革，对教育提出的新要求进行相应的规范或保障，确实是需要考虑的。

三、与谈人发言

教育选择权的实践考察

张　爽

我主要研究教育管理学，在何颖老师梳理法律的发展过程时候，我回想起有关教育管理学学校重建运动的发展，历史时期是很吻合的。刚才何颖老师介绍在法案修订过程时指出，20 世纪 80 年代是非常重要的时间节点，当时以美国为首发起了改革，直接指向公立学校体制机制，并蔓延到西方世界。在我国有一些回应的学校重建运动，这些体制和机制的改变，其实除了当时碰到了一些财政危机，需要市场力量介入之外，是对公共教育低效性的实践界的反应，所以美国出现了一系列的学校流派，包括私立学校、家庭学校等，这个过程伴随着学校重建的运动，我国的教育改革也是在这样的背景展开的。包括深化教育领域综合改革的政策文本，都可以看到教育体制机制的改革，其实是释放教育活力非常重要的提法。在实践领域，我们做了的事情大概也遵循两个逻辑。第一个逻辑是政府和学校之间关系的处理，我们从 1985 年开始一直在谈简政放权，三十多年的时间，我们依然没有做到完美，但是实践中也看到一些变化，我们曾经试图在公立学校和私立学校间建构第三条道路，混合模式学校的改革。第二个逻辑就是学校内部结构的创新。学校内部制度的创新，现在也成了很重要的话题，包括学校推进的体制改革，如何能够实现回应学生更多更有差异性的选择，在学校内部通过课程的开发与课程的改革，是一个很好的路径。然而，我们在实践当中也确实看到了这样一种内部治理创新过程当中出现的问题，比如是不是为了改革而改革？我们的改革目的，是为了改革本身吗？改革目的是为了释放活力和提高质量。

美国教育选择权的发展沿革

荣利颖

刚好给美国上教育法治的课，也涉及教育选择权的问题。刚才何颖老师讲教育选择权的时候，我突然想到，教育选择权可以分为两个部分，一部分就是基础教育选择权，另一部分是高等教育选择权，现阶段我们谈教育选择权，基本上是基础教育选择权。那义务教育和高等教育不同，它是一种公益和私益并存，并且以公共利益为导向的公共产品，这个公共性不仅仅是社会公益或者是社会福利，而是包括私益在内的，既能够满足个人的私益，又能满足社会的公益。所以，公益和私益并不总是互相矛盾和对立，一定条件下是可以整合兼容的，这也是为什么我们可以划片入学。我们希望它们是可以整合兼容的，但是义务教育有非常强烈的外部性，因为义务教育的任务就是提高民族整体素质和社会的文明程度，这种社会效益远远大于个人效益，对一个国家而言，国家法律制度和政府的教育政策，就是要运用公共权力在义务教育的公益性和私益性之间寻求一种平衡，刚才说的集团化，都是为了在公益和私益之间达到平衡。在设计义务教育很多法律政策、政府管理和学校教学，都是以维护社会公共利益，以国家意志为主体的，所以教育者的诉求也能够实现。

实际上择校不仅仅是我们国家的问题，而且是世界的问题，是教育发展最主要的议题。世界各国都掀起了教育重建运动，把拓展父母的教育选择权，看成是撬动教育体制改革的杠杆，在推动教育体制改革中以父母的教育选择权为抓手，英国、新西兰这些国家，还有荷兰、日本、瑞典、法国都出台很多的政策推动教育改革。美国的教育选择也是经历了几个阶段，按照何颖老师划分的标准，最初上学是少数人的特权，上不上学就是择校之间的差别。所以当时美国公立学校发展经历了几个阶段，先是允许建立公立学校，后来是鼓励建立公立学校，后来强迫各个州必须建立公立学校。当时家长择校途径主要是要么举家搬迁到其他的学区，要么直接脱离公立学校，自费进入私立学校。我们国家的学校是自下而上的，一直是家长在不停地择校，拼命推动教育的改革。美国不一样，政府是自上而下的，鼓励家长择校，提高学校之间的竞争，提高学校的绩效，这是和我们完全不一样的逻辑。到"二战"以后，1954年到1980年的择校，当时民权运动高涨，主要是黑白择校，是黑白混校还是黑白分校，提出了很多的教育理念。教育重建运动也是从美国开始的，美国1986年出了一个政策，国家为培养21世纪教师作准备，要赋予教师新的权利、新的责任。布什总统上台后的第一年，美国基础教育经费削减了38%，每年递减33%，力度很大，当时教育理念就是让学校改变一切，就变成了让我们改变学校的一切，所以就要重新配置和学校教育相关的所有要素，包括教学内容，教学组织形式，教学方法，校长的作用，学生的地位，家长的影响，教育专家的地位，各级政府在学校教育中的作用，等等，都开始通过引入市场竞争机制，彻底改变传统的公立学校系统，购置一个行之有效的新体制，这个重建学校运动开始在全世界蔓延，来达到提高学校绩效的目的。所以，择校当时成为推动改革的动力，当时政府把择校作为政府改革的动力，被赋予了重大的政治意义，成为教育改革的重点，然后掀开了择校运动的帷幕。

关于美国的择校，美国学者有非常多的争论，有些学者认为择校是一种很有效的手段，有些学者认为择校是破坏美国公立学校制度的传统，使原本公立学校的经费和生源流向了私立学校，会破坏公立学校的改进。但支持择校的学者认为，仅增加公立学校的经费投入，不对公立学校进行系统改革，产生的效果是非常低的，甚至没有效果，相反，通过择校带来的竞争，会促使公立学校的改进和发展。关于分化这一点，美国关于择校的争论，反对者认为择校就是把最贫穷的学生留在了最差的学校，社会底层是没有资格进行择校的，支持者认为公立学校并没有像你们说的毫不挑剔，什么学生都要。就是美国国内关于择校也是有特别争论的，所以1993年世界教育报告当中，把扩大教育选择列为世界教育大会的主题。刚才何颖老师梳理了整个历史上择校的过程，现在择校问题，不仅仅是国内的问题，而且关于择校的争论是世界范围内的争论。

宪法视角下的教育选择权

王里万

对待教育选择权有三种态度，一是认为是义务不能选，二是认为是自由权，必须规定，三是认为是应当被禁止。我之前持第二种观点，就是不用干涉，它可以自然实现的。经过刚才的梳理和历史的规范，我自己非常受益，有一些全新认识。就宪法来说，有几个问题很有意思。

第一，事实和规范是在一起讲的，有时候我自己就要努力分辨哪些是事实层面的东西，哪些是规范层面的东西。如果从事实层面讲，法律立法是不是有一个前提或者有一个默认的条款，公共教育资源分布大致均等的情况，所以我们才做这种立法，选和不选区别不是特别大。但事实上它是不均等的，所以才出现了立法供给的需求，我是这样理解的。最后就说到规范，最好还是明确规定这样一个选择的自由权，如果不规定可能不能得到完全的保障。按我的理解，只要不禁止就行，可以赋予学生更多的选择。刚才荣老师指出，我们发生在基础教育和义务教育的争论比较多，教育层次越往上争论越少。就是对义务教育的理解和对高等教育的理解可能是要区别开来了，在宪法里也有相应规定，我们宪法里对于受教育权的规定和对学术自由的规定是分开的，对于基本教育应该放到受教育权的规范下理解，但是如果是更高层次的，可能就放到第47条文化活动自由理解了，这是第一个我想说的。

第二，这里谈到了自由权和平等权争议的问题，如果自由选择影响到宪法里平等权的实现，确实在这个问题上是有一定的张力存在。然而，是不是通过更大程度的自由，能够实现更多的平等？有时候是因为自由才导致不平等，如果把自由放得更开，对自由予以更大的促进，平等可以通过自由的方式达成。我国宪法里有平等权的条款，要把两者之间的关系理清。

第三，也是宪法中的一个问题，教育以人为目的，促进人的发展和多样化。这是教育的目的，在宪法里除了关于教育权利的规定，还有教育事业的规定，是国家的事业，是培养有德行的、有知识、有文化的人才，在宪法里预设了很多教育的目标，是作为国家事业推进的。除了关注宪法里的受教育权，还应关注教育事业的条款，乃至精神文明建设的条款，父母教育权利的问题，这在宪法里都是有根据的。还有就是父母的受教育权的问题。父母对子女的教育是有天然的权利，它不是法律赋予的，这和宪法的受教育权也需要进行说明。

对教育选择权规范依据、性质及保护的探讨

杜强强

我准备讲二个方面的问题。

第一，教育选择权的规范依据问题，首先要找规范依据，宪法第46条已经为教育选择权确立了依据，和第42条是一样的，公民有劳动的权利和义务，第46条讲的是受教育的权利和义务。关于劳动层面，一是自由层面的劳动权，保障的是劳动的自由，比如说排除国家强制劳动的自由；二是社会劳动的自由，主张国家要加强劳动保护，改善劳动条件，对劳动权这样的建构，对受教育权也是可以这样建构，它是有自由权的面向，也有选择权的面向。

第二，既然是自由权，国家负有消极的义务，不能干预这种自由，但是义务教育也有人翻译成强制受教育，强制入学，这就是对自由的否定，在家教育是被否定的，先是要求你入学接受教育，这是对自由的否定。从这个角度来讲，在法律层面上刚才已经梳理了，目前没有任何法律明确规定，虽然宪法上包含自由权的属性，但是法律上我们有一个义务教育法。这两个层面来看，对这种权利的保障，义务教育法和宪法第46条自由权的受教育的自由能否协调？第46条同时讲到受教育的义务，教育选择权当然是一种自由性的权利，不仅仅是自由权的问题，因为受教育本身就是义务。还有如果建构教育选择权的话，教育职能和国家的关系，以德国为例，权利逐渐国家化了，当然国家能否把人民当成教育的对象，我认为既然教育的目的就是尊重人的个性，尊重人的主体地位，国家和教育究竟是

什么关系，国家能不能把人作为一个教育的对象？或者说仅仅为了国家的目的去使公民接受国家的某一种教育。

第三，在教育选择权的保护方面，我国公民是有接受义务教育的义务，并不意味着每个公民都有义务进公立学校，公民也有权利进私立学校。既然国家要保障公民的教育选择权，是不是在法律上有保障私立学校的义务？宪法第46条包含了教育选择的自由权，国家有义务保护这种自由，那么国家对私立学校也有扶持的义务，而不是过度限制的权利。私人办学完全可以纳入公民选择教育权利范围，用这个来规范它，既然国家保护公民选择教育的自由，就有义务规范私立学校。

对教育选择权权能、权利主体的探讨

刘兰兰

我有几点考虑和思考。

第一个思考，教育选择权到底是什么样的权利，之前老师都讲，既有社会权面向的，还有自由权面向的，作为社会权是以国家为前提的，自由权就是教育自由，受教育者行使受教育权的表现，受教育本质上是一种主动性的行为。随着现代教育制度，教育已经纳入过程行政当中，教育的体制，学校的规制。可能教育是一种被动的，但从个体来说，受教育本身是一种主动的行为，因为在接受教育，在享有教育资源、完成教育目的的各个环节，受教育者都有意无意要自主选择，只有尊重自主的选择，比如接受什么样的教育，寻求怎样的教育资源，如何完成教育目的，等等。这样的情况下，教育选择权在自由权面向是最主要的表现。如果行使教育选择权必不可少要进行选择，这是一种内涵。自由选择权，国家只要不消极、不干涉就可以实现。国家保障的义务，怎么保障，基于不歧视的原则，只要不歧视，大家都能同等对待，这从本质上来讲也是消极不干涉，也是保障人的自由权。之前还在讨论到底是社会权还是自由权，现在都知道受教育就是有这两个面向，这种自由权的面向，在受教育权当中是必须的，不是可有可无的，如果没有这个面向，受教育就完全成了被动的形式了，你只能依赖国家提供教育资源，只能等待经济社会发展到可以支撑国家教育体系的时候，才能去享有这样的教育权利，这种被动性实质上否定了受教育权，最后就没有这种权利了。所以教育选择权不是可有可无的，它是天然的，行使受教育权，必不可少就是行使自由选择的权利。

第二个思考，教育选择权权利主体和义务主体是什么，刚才各位都谈到了义务主体，但是权利主体说得不多，我认为，教育选择权的权利主体应该是受教育者，不妨分成阶段：义务教育阶段，高等教育阶段。高等教育阶段学生都是成年人，有完全行为能力，完全可以作为受教育者本身行使这样的权利，那么义务教育阶段，大部分的受教育者是未成年人，未成年人尚未具备完全的行为能力，他们的父母或者监护人应该是教育选择权的主体。刚刚张老师的发言给我很大的启发，比如学校内部的建设和管理，教育资源体制内部的管理，教育者本身能不能成为教育选择权的权利主体。刚才表格当中提出了一些可选择的内容，这些可选择内容，比如课程的设置，班级的设置，考核标准的设置，父母和监护人可以代替未成年人进行选择。在公立学校把这种教育的职责委托给学校，学校的老师能不能选择教育内容。这种施教者权利要和教学自由，学术自由分开，完全是基于受教育者本身的利益作出的，受张老师的启发，教育工作者能不能成为教育选择权的主体。公民的教育选择权义务主体应该是国家，本质是个体和公权力之间的关系，也就是说立法机关、行政机关（尤其是教育行政机关）和司法机关，应该有义务不干涉公民的教育自由。在这里教育的主体，从义务主体的角度来讲，这种义务就是消极不干涉，而这种消极不干涉，刚才杜老师还说了，有时候完全不作为也不行，有时候也要保障不同教育机构的充分发展。即使这样积极作了保障，也必须基于消极不干涉的底线，就是不歧视，你不能给予公立学校更多的优势的教育资源，而一味地给民办学校设置更多的标准，这就是歧视性的障碍，所以国家的义务还是消极不干涉的义务。

第三个思考，教育选择权的具体内容是什么，教育选择权大体上分两个类别，一个是选择的教育形式，公立还是非公立的，选择哪一所学校的问题，这就是择校的问题。择校本身无可厚非，受教育选择权本身就包含择校权，公民有选择学校的权利，尽管我们在义务教育法中有就近入学的法律规定，但是择校的权利，不能说因为有就近入学的法律规定，择校权就不存在了。另外一个，我们国家义务教育政策体系下，是否可以选择非公立学校以外的教育机构，比如孟母堂事件，从义务教育法来看，好像国家不承认这样的事件，但是从法律上来看，好像也没有具体的明文规定。但是如果从宪法来看，对教育这个概念也可以作不同的理解，宪法第 19 条规定，国家鼓励国家力量以外的形式办学。宪法第 49 条规定，父母有抚养教育未成年人子女的义务，教育本身是父母的天然的责任和义务、权利，加在一起，公立教育之外宪法是允许其他教育形式存在的。刚才谈到第 46 条公民有受教育的权利和义务，这条应该这样理解教育，就是受教育者的普遍性，就是人人都有受教育的权利。

关于教育形式选择及父母教育权的思考

安丽娜

看到这个话题，我首先关注到孟母堂这样的事件，关于教育选择形式的讨论。刚才大家谈到义务教育法在规范上有一些依据，主要体现在第 5、11、58 条，里面提到保证入学，送其入学，通过这样一些字眼，规范是把在家教育的选择权利进行了排除，而且再结合受教育权来讲，目前义务教育的规定，通过入学这种手段，成为保障义务教育阶段义务教育实现的主要方式。但是在具体的实践过程中又过度强调了这种手段，把受教育权的方式唯一化了。但是看到义务教育法第 14 条这样的规定，自行实施义务教育需要经过县级人民政府教育部门批准，这是否能给我们除了入学之外其他形式提供依据，也有提到县级人民政府教育部门可以批准其他形式，但这个还没有相应细则出台，导致什么情况下批准，什么情况下不批准尚无定论，政府的裁量权的自由度很大。现在除了孟母堂在家教育之外，还看到寺院教育的方式，主要是在西双版纳傣族当地的习俗，特别是当地的男童满 7 岁一定要去佛寺培训，这是基于宗教信仰和义务教育，因为它挤占了义务教育一定的时间和空间，有一定的冲突。刚才谈到父母教育权的内容，在看材料过程中，在日本父母教育权主要包括三项权能：第一个是父母的选择权，包括选择学校的自由，以及包括以家庭教育代替学校教育的权利，但是在家教育的权利必须满足一定的条件之下才能在家完成。第二个来自父母的拒绝权，父母基于思想或者是宗教信仰的理由，或者是意识形态的教育，有权拒绝接受学校教育的权利。第三个主要是父母的参与权，像杜老师提到的在课程设置或者是校规制定过程当中，父母应当参与进来。

关于教育选择权的方法论思考

崔俊杰

何老师给我们带来了非常好的讲座，一方面基于法规规范化的分析，基于时政的分析；另一方面感受到背后的思辨。看到这个题目，我脑子里不停重复两个思想家的名字，马克斯·韦伯和罗尔斯。从何老师的讲座来看，不知不觉当中在运用这种方法论，尤其是第二部分，历史正当性的过程当中，这三个阶段也是一种类型化的方式，我们看韦伯的话是两个轴，一个是实质，一个是形式。纵轴一段是理性，一段是非理性，所以出现了四个阶段。虽然没有明确分类，我在听的过程当中，也可以分为横轴和纵轴，横轴一段是自由，另一段是不自由，一段是家庭，一段是社会。其实用这样一种法理学的方法搭建出来的是抽象的具体，而不是具体的抽象的区分方式。为什么说到罗尔斯，由于第三个阶段谈到当下教育是个人教育自由和国家教育权利并存与矛盾的阶段，一方面是公民选择，另一方面是国家的作用。其实要解决的还是政府和个人或者说政府和社会的关系。从国家的层面来讲，不从选择权的角度来讲，从国家的层面来讲，未尝不可以借鉴罗尔斯的分配理论，罗尔斯的分配原则讲了两项原则，一项是公平机会的原则，另一项是差别对待的原则。机会公平的原则解决的是社会公平的问题，具体来说是解决教育公平的问题。差别化的原则是依附于一定的社会地位和经济实力的问题。但是公平原则是第一原则，而第一原则优先意味着不允许在基本自由和经济社会效益之间进行交换，所以其实整个教育权的实现，是要实现一定的公共目的，从这个角度来讲，罗尔斯虽然很理想化，在提升一部分人的利益的同时不减损另一部分人的利益。

回到刚才讲的，教育选择权作为一种类型化的权利来看，这样一种类型化，可能要把握几项原则。第一项必须要考虑教育的目的是什么，教育的目的不仅仅是个人的目的，还有社会的目的，在现在的情况下，要把公共目的作为首要的目的，根据基础教育和高等教育不同有一些不一样的东西，这就是类型化的一个原则。还是要看待我们的国情，谈到了不同国家的教育选择自由权，但是我们是政府主导，在政府主导的情况下，我们的基础教育和高等教育，可能这种选择权和西方不太一样，这是第二项原则。第三项原则，一方面我们要考虑教育的选择自由，或者说选择权的问题，但另一方面也要顾忌到教育公平的问题，教育选择权不以牺牲教育公平为代价，政府主导是在教育公平的前提下谈教育选择权，或者说把这种教育选择作为差别化的待遇。还有就是强调教育选择权的同时要注重教育教学质量，回过来就是要实现教育的公共目的所在。

关于教育选择权的法律问题梳理

李 昕

教育选择权主要是几个方面的问题：一个是择校的问题。另外一个是对教育方式的选择，非学校教育是否可以选择的问题。第三个问题就是国家在民办学校，多元办学体制的促进和保障方面提供选择的机会和环境的问题。我认为这三个不同的问题，每个问题面临的现状不一样，解决方案也是不同的。

择校问题，刚才大家讨论的，美国有没有择校权的问题，美国有，但是美国的教育和中国的义务教育不一样，它也是坚持就近的原则，也有等级化的区别，但是不是强制入学，它的公办学校也会考虑选择和分数的评级，有的是一级，有的是十级，十级的学校是完全不一样的，这也存在一个选择，但是它的选择很宽松，你只要在这儿租房子，就可以在这儿就近上学。我认为在有教育选择权的情况下，不会引发这么多的社会问题和矛盾，中国的教育均衡化的问题是行政导致的，要解决这个问题，要再次求助于政府，政府已经做了这事必须把它全部解决。但是美国在中央和地方是有严格的分权的，而且学校的财务保障是来自地产税，有钱可以住更好的社区，接受更好的教育，一切的平衡标准不是政府行政主导，是市场主导，也就是拿钱说话，钱是一般等价物，是公平的，所以国会诉诸政府必须以积极的方式做好各个公立学校的资源配置。所以行政的问题，最终还是行政主导下进行解决，这只是当下的权宜之计，但是未来的长久的方案，可能要取决于多元的办学体制，整个的配套和完善。这是第一个问题。

第二个问题，公立学校存在资源配置不均衡，课程选择性的问题，许多人提出来更高的需求，加上现在一些普遍的现象，2017 年《南方周末》有报道指出，对于在家上学的数量真是超出我的想象，数量非常大。正好那年我在美国接触到了在家上学的情况，有一个妈妈，她养了 6 个孩子，在 18 年的时间内，自己一直在家里办学，她跟我讲了很多，因为美国也是通过一个判例确定在家上学的。我受的启发呢，作为一个教育主权和家长的选择权之间怎么进行平衡，美国是通过监管的方式，首先是许可，你要在家上学，首先要拿到许可证，定期有督导进行监管，同时还有一些课程。当家庭教育不能提供的时候，可以到当地的公立学校选修，通过这样一些方式使得国家教育的公共属性和个人的选择权，在管理领域之间进行了一次平衡。

第三个问题，民办学校的发展和政府的保障义务。民办教育促进法修改以后，已经确定了营利性和非营利性两种民办学校的并存，政府其实对社会办学力量是有一种认可的，而且明确了政府都要承担相应的保障义务，只是保障的方式不同，目前是有待于政府拿出更加具体的细则。

第七期　达特茅斯学院案之探讨

一、沙龙简介

（一）参加人

主持人：李　昕　首都师范大学法律系教授

主讲人：周　详　中国人民大学教育学院助理教授

与谈人：苏　宇　中国公安大学法律系教授

　　　　吴高臣　首都师范大学法律系教授

　　　　张　爽　中国人民大学教育学院助理教授

　　　　叶阳永　中国政法大学人权法研究中心助理教授

　　　　汪　雄　首都师范大学法律系助理教授

　　　　安丽娜　首都师范大学法律系助理教授

　　　　王　楠　首都师范大学法律系助理教授

　　　　崔俊杰　首都师范大学法律系助理教授

（二）内容概要

　　"达特茅斯学院案"是美国历史上最高法院的经典判例之一，对于美国高等教育发展有着重要的影响，使私立院校免受外部政治、经济和宗教势力的任意干预，促使整个美国高等教育系统进一步朝着多元化、多样化的方向发展。达特茅斯学院案的影响远不止高等教育领域，在该案的判决中，联邦最高法院肯定了宪法契约条款所包含的"财产权"包括了法人的权利，私人团体和民间组织可以像自然人一样获得宪法的保护而免于政府的政治干预，为19世纪后半叶美国工业化时代的"自由放任"奠定了坚实的法律基础。它是美国社会制度和法律体系重构过程的重要环节，与其他联邦诉讼一起，形成了美国社会、经济发展的宪法屏障。

二、主讲人发言

达特茅斯学院案之探讨

周　详

我的博士论文主要围绕达特茅斯学院案作了基础的研究。达特茅斯学院案本身是一个近况，可以从很多角度讨论，我给它的定义就是美国学院法人的确立，我想把我研究的经历和想法和大家分享一下，更多的是大家一起讨论，碰撞出更多的火花。

达特茅斯为什么保持了它的名字，其实里面是有很多故事的。因为在美国独立以后，达特茅斯学院改名成大学，而且在它独立一直到达特茅斯诉讼这一段时间里，它对自己这个学校一会儿叫大学，一会儿叫学院，是来回用的，所以大学和学院没有特定的含义。反倒是达特茅斯开始改组这个学院，州政府规定你就叫大学，这时候有公立的含义。如果研究美国的高等教育发展的历程，其实是有公立大学的含义的，在最早殖民地转换为州政府的过程中，所有的大学多有州政府干预的成分，后来才独立出来。在达特茅斯学院案诉讼开始以后，达特茅斯大学和达特茅斯学院是同时存在的，这两个学院的学生相互可以交流，共用一个校园，非常稳定，非常和谐。政府在动，管理层在动，但是学生和老师非常和谐相处，这也非常有意思，这是当时研究时候的状况。

达特茅斯离波士顿一个小时的车程，所以冬天是比较难过的，雪比较大。在研究的时候也有一些很有意思的事情，因为美国的宪法判例每个都能梳理出几条相应的法律原则或者现行相应的法律，像这个案件，发生在

200 年前，所以既是历史研究，也是相当于法律案例分析，只是这个案例所有的情节发生在 200 年前，搜寻 200 年前发生案件的证据也是比较有意思的。在 1754 年，在达特茅斯学院产生之前大概 15 年，有一个名叫韦洛克的慈善家设立了莫尔印第安慈善学校，他希望通过传播基督教的方式传教，但是通常的传教方式都是成立殖民地学院，他们主要是培养牧师，通过牧师去印第安部落传教，这个特点和其他所有的学校是不一样的，它是直接培养印第安牧师，招募的是印第安的小孩，把他们培养成牧师，也正是因为这样的特点，当时派了自己一个学生去英国募款，在英国引起了特别大的震动，一般情况下募款都是白人。当一个印第安人站在英国社会的时候，引起了非常大的震动，于是得到了一大笔捐款，这个时候就成立了达特茅斯学院，而且最大一笔捐款是达特茅斯公爵支持的。

1769 年，学院章程当时是羊皮纸做的，所以学校被称为"羊皮纸上的大学"。我当时一直思考，为什么大学能够存在，法团法人到底是什么，比如大学经历战争和灾荒，大学还存在不存在，只要这张羊皮纸还在就可以重新组织，当时赋予羊皮纸上大学的意义，当时想写书的标题也是羊皮纸上的大学。章程规定了学校的基本权利，是设立法人的基础。但是达特茅斯学院最大的特点就是最后那句话，它规定了校长可以指定继任者，这不符合美国的传统，也不符合英国的传统，因为从信托法一直到法人教会法，上面规定校长就是董事会雇员，董事会才有权力指定校长，所以这一点完全是为了表彰（义赛利亚）为普及宗教作出的巨大贡献，这是非常特殊的条款，按照现在的理解，他是拥有指定后一任继任者的权力。我给大家展示这些话都是标准教科书上描述的话语，但是里面有很多的故事，如果一般看到这句话，可能有一些权钱交易，有一些裙带关系，就传给你了。但是当时学校得以维持运营非常困难，为什么要给指定继任者的权力呢，是因为他从来没有拿过工资。殖民地学院运行一大笔经费或者一半的经费就是校长的工资，所以如果不拿工资的话学校的压力非常小。所以，如果招聘一个新的校长，谁会放弃自己所有的时间和生命维系校长的运行，只有一种人，就是自己的儿子。就是通过血缘的压力让他继任校长，而且真实的事件，就根据历史的证据，他的儿子叫作约翰，约翰继任的权力，他给董事会提交人选建议是排在第三位，前两位都跟自己有亲属关系，但是他们都不愿意当校长，最后只能通过血缘关系指定给了儿子，让他维持学校的运营。约翰的儿子不符合任何一条殖民地学院校长的要求，殖民地学院的校长至少有两个要求，第一必须是教授，第二必须是传教士，而且需要是神学院院长。这些综合条件都达不到，所以当时给他一个教授的身份，使他满足了校长的要求，才获得了校长的职位，因此和董事会产生了冲突，产生了教科书上产生的冲突故事，董事会直接解除了约翰校长的职务，董事的职务和教授的职权，所以他就一无所有了。

接下来一个疑问，书上一般写的是转向共和党的阵营，但是实际上有一个疑问，这个案件到底是不是党派之争，教科书上说和党派之争有关系。在当时其实所谓的党派在那时候是不完全的，因为按照现在对政党制度进行梳理，美国的政党制度到今天为止大概产生了五次大的变化，在达特茅斯时期产生最大的党派冲突是联邦党和民主共和党的冲突，所以这种情况下是不是党派之争是存疑的，如果有老师和学生研究的话，这一点是存疑的。我认为它其实是党派之争，但是最后是双赢的效果，而不是你死我活的效果，所以它是党派发展过程中的一个关键性的事件，不会产生一方赢一方输的零和博弈，其实是双赢的结果。接下来恰逢大选，进行了政治格局的变化，政府认为是一个好的机会，通过立法机关一系列立法行为，对达特茅斯进行改组，这从头到尾都是符合法律的行为。试图改组达特茅斯的特许状，改组特许状从法人制度来说意味着一个旧的法人消灭和新的法人产生，所以疑问在于，谁能创设法人，这个在殖民地时期是没有解决的问题。这里埋下一个伏笔，威廉玛莉学院是唯一获得皇家认可的学校，如果按照传统法人法，除了威廉玛莉学院剩下的学院都是非法组织，它们都没有得到英国国王的认可，都是由州政府设立的。而且到了1816年这个阶段，英国法在美国已经不存在了，而美国法到底是什么样子，美国人自己也说不清楚，因为现在和英国已经是敌对国家了，到现在这个阶段，没有办法研究英国的法律，因为是敌对国家。就像我们现在引用某些地区的案例非常谨慎，是因为政治的原因，这完全是因为政治环境的变革。

还有一点，在这个案件之前，达特茅斯学院是混用学院和大学两个概念的，如果看它的新闻报纸，它有募款的公告，有的时候用的是大学，有的时候用的是学院，这点对他们来说没有什么影响。但是一旦立法，学院和大学就是两个不同的法人机构，所以政府一般都采用大学，当时殖民地转换到美国各个州的时候，哈佛大学和耶鲁大学名称都改成大学，实际上是有政府资金介入的，这一点是要考虑的。还给大家铺垫一下，达特茅斯学院案政府干预的形式，在美国殖民地向新国家转换的过程中，所有的学校都出现，只是因为达特茅斯学院太有钱了，所以它拒绝了政府的介入，所以才会产生达特茅斯学院案。比如，刚才提到的威廉玛莉学院就是因为没有钱，在1888年和政府签订了一个协议，转换成为公立学院，威廉玛莉学院是1693年，是美国第二个机构，所以它里面有很多的内涵。接下来因为达特茅斯学院把约翰解聘了，所以新成立的达特茅斯大学就重新聘任约翰作为校长。我们一般看案子都是看最高法院的判决，实际上有一些判决更有意思的是州判决，这个法院在州法院已经定论了，在这里很多理由是从州法院的判决理由里截出来的，基于章程推出来的理由。鉴于这个学校成立的目的，达特茅斯学院成立的目的是基于公共利益，所以州政府认为既然是基于公共利益，所以作为州政府有完全理由干预其行为，这是州政府提出的最重要的理由，这也是为什么在州政府判决里，把达特茅斯学院定义为公立机构。如果这个案件只打到最高法院的时候，达特茅斯学院的性质是确定的，就是公立机构，所以你会发现，它到底是公立机构还是不是公立机构，这个在美国法律体系里是有争议的。

接下来做的事情，第一个就是改名，改名的本质就是旧法人的消灭和新法人的设立。第二个是董事会变更，从原来的11个人变更为21个人，其中有一个人是沃德，他就是达特茅斯学院财务总管，新加的10个人都是由州政府任命的。还成立了新的机构，就是永久存续的监事会，对学校进行双重管理，这个新设立机构完全由州政府管理，所以这里确定达特茅斯学院完全被公立化了。结果在立法的时候有一个疏忽，如果对公司法很了解的话，公司的董事会开会需要有法定人数，不是表决人数，刚才理想上21个人完全可以控制，但是法定开会人数没有规定，就会出现很大的问题。当成立新法人以后决定开会，结果到了开会那天，达特茅斯学院那11

个人都不来，于是它又变成一个非法组织了，这个时候政府才恍然大悟，里面的矛盾冲突很大，于是沃德就跑了，跑到了新的达特茅斯大学，把学院的记录、印章一并带走，拒绝归还。印章对法人来说是最重要的，如果没有印章就很难运作。那么为什么沃德要跑，剩下 10 个人不跑？其实是因为他是约翰的侄子，又是裙带关系，这个特别有意思。于是就引发了著名的达特茅斯学院案。

关于韦伯斯特的辩护，我想确定辩护词的来源。因为美国的法庭记录不像我们这样有现场直播，它就是一些记录，这个案件又是非常著名的案件，所以基本上座无虚席，当时最高法院很小，很少有文字材料传出来，所以辩论词都是在校友回忆过程中总结出来的，在校友通讯上进行发表，所以也是能找到原文的。他的核心观点就是我们关心的，在民法和在宪法上非常重要的关于契约的理解，在宪法上提到契约的话，可能大家就忽略了，认为它不那么重要，因为契约原则是美国宪法中非常重要的原则，所以它确立的是特许状规定的特权，把特许状定义为契约。学院的章程是契约，这是在美国法上的定义，但其本质不是契约，为什么有这样的情况出现，因为当时美国整个法律系统都在转型过程中，从英国法向美国法转型，所以整个法律原则，法律规则和细则全都是空白，马歇尔为什么采用契约的原则，因为他对契约最熟悉，美国的合同原则基本上是马歇尔确定的，而且是通过一系列的案件，四到五个案件确立，其中一个重要的判例就是达特茅斯学院案。所以合同原则的确立，达特茅斯学院案起到了一定的作用，它的作用就是公司的章程，学院的章程，只要跟章程相关的就是契约，达到一个最重要的目的，就是契约不可轻易更改，这是非常重要的。实际上，从英国到美国，契约这个章程是没有变化的，但是章程在英国法里是一个特许状，特许状是可以由国王更改的，这是它的法律体系，但是国王不能任意更改，到了美国以后，美国没有国王，谁来保证章程不会被任意更改，只能通过合同原则。就是在当时找了所有的条款以后，马歇尔认为合同的对峙和当时英国状态之下的特许是有相同的法律功能，所以从功能的角度来解释，马歇尔法官把章程定义成为契约是基于一种公共主义的观点，所以并不是对它的本质进行分析，本质一定是特许，但是特许在美国已经不存在了。另外，为什么说达特茅斯学院案里有很多的矛盾冲突？重新回顾英国的法律体系，在英国，法人是由国王或者教皇授权设立的，因此国王或者教皇是可以任意更改章程的，然后国王在美国不存在了，国王和教皇的法律权威直接过渡到政府，如果按照这样的推论，政府是可以任意修改章程的，这就是达特茅斯学院案的最大矛盾。根据英国法向美国法过渡的传统，美国政府是可以任意修改章程的，而为什么马歇尔大法官拒绝这样的权威的行使，他是有自己的考虑的。这是韦伯斯特提出的，我个人认为韦伯斯特虽然提出了很多辩护理由，但是因为他的理由辅助了马歇尔大法官论证了他自己的观点，并不是因为他有多雄辩，因为到最后法官确定案件是有自己的看法，所以我的看法，马歇尔大法官，他的党派，他的利益衡量对这个案件有很重要的影响，所以最终的判决是这样，支持了达特茅斯的诉求，认为它是私人机构，而非公共机构，这样就直接否定了州法院的判决，这一点上也是司法审查原则的体现。在马布里诉麦迪逊案通过以后50年，司法审查有两次使用，这是其中一次，是第一次在美国法上确立了章程的合同性质，所以它的章程的合同性质的确立，未经双方同意不能更改。所以到现在为止达特茅斯学院的章程，最近一次修改可能是2003年，它会产生这样的情况。美国现在私立学校的章程修改先由政府颁发一个法律，然后由学校董事会书面承认之后这个法律才会生效，所以从美国独立以后，一直到现在为止都还会涉及很多章程的争论争议。

在这里举个例子，布朗大学在设立的时候，规定了学校具有无限的免税权，这样的条款当时没有引起太多人注意，但是到美国独立战争以后，学校发展得非常壮大，整个区域变成了学校，这个区域就没有了财政收入，所以学校和地方居民产生了巨大的冲突，因为没有财政，于是布朗大学就放弃自己的权力，把它的免税权降到1万元。独立战争刚胜利的时候，1万元也是很大一笔钱，数额的确定是由州政府确定一个法案，把布朗大学的章程权力规定的免税权降到1万元，由布朗大学的董事会书面认可，这样的话双方同意才能进行章程修改。在达特茅斯学院案中，大约在1926年，政府作出一个法律的明文规定，放弃干预达特茅斯学院自行修改章程的权力，前提条件是州长永久地在董事会中，就是以州长作为当然成员为条件，放弃修改章程的权利。自此以后，达特茅斯学院要修改章程自己就定好了，所以通过契约的特性保证了章程不被任意修改。

达特茅斯学院案还有一个重要的特点，马歇尔大法官第一次在美国法明确了法人的内涵，因为法人在英国是一个比较传统的概念，它的法律实践非常明确，但是到美国以后，因为英国法全部废除了，所以在美国法需要重新树立法人的概念，因为没有国王没有权威，只能通过法律的技术手段重新构造法人，所以在马歇尔大法官塑造法人概念的时候用的就是理智说，把自然人和权利进行了区分。从罗马法过来的话，法人的权力都是差不多的，这是给它的定义，法人就是于法律构建之中，赋予了特定权力和特权的人，如同其他真实存在的自然人一样，它所享有的这些特权需要通过其中的自然人而实现，并被认为是法人自身的存在条件。

马歇尔大法官还对法人进行了分类，但是那个分类是基于当时的环境，当时有一个私法人，这里提到私法人和现在意义上的私法人是有一定区别的，其实私法人这个概念和前面的慈善法人概念有点类似。这个私法人本质上代表的是公共利益，达特茅斯学院是一个慈善的法人，是独立于政府之外的，所以独立于政府之外的概念就是私法人，没有现在意义上的商业公司这样的私法人的概念，所以还是用司法的概念来解释非政府控制的状态。即使得到政府的特许，仍然是私法人的性质，整个环境是历史的环境。达特茅斯学院案的判决，政府突然明白私法人没有办法控制，所以之后美国的公立学校才会蓬勃发展，之后才会有很多的学院，像摩尔法案，这样的学院就开始蓬勃发展了。

另外还有一些启示，明确了私有财产神圣不可侵犯，明确了法人的定位，通过契约进行法律上的处理。还有一个保留条款，这点很重要，在宪法上有法律保留，但这里面的法律保留和我们理解的法律保留是不一样的，我们的法律保留是在某种领域只能通过法律立法，但是这里说的法律保留是指没有说就不能做，如果要做就必须进行法律保留，必须在章程里明确提示，就像刚才举的例子，慈善机构教育机构是可以免税的，但是如果没有在章程上面加上政府可以进行调控，这就是这里的法律保留的意思，我在写文章的时候，有时不是很明确如何对历史概念进行现代的解读，让更多人理解它。我们对法人制度进行了一些解读，和章程的内涵是相一致的。这里有一个永续存在权、财产权、人事权、自我管理权、诉讼和被诉讼的权力。永久存续只是一种规定的权力，最早像美国银行这些法人，一旦设立法人，都是有明确的解散时间的，一般都是20年，这是美国机构设立的，你可以设置成20年，也可以设置成40年，也可以设置成永久，这就变成了一个法律基础。它的核心内涵，如果用现在的话理解就是"独立之人格，自由之思想"。因为我们对法律的特权讨论比较多，认为非盈利是法人，但是如果是法人的话，就会产生独立之人格，自由之思想，如果没有达到自由行动，他是不是法人是没有意义的。

在宪法上研究，赋予人的权利什么时候赋予给了法人，在修正案出现之前，法人与自然人在法律上还并不是一个平等的概念。现代意义上的法人的拟人化，在法律原则中还没有出现，也就是说在此前法人概念虽然存在，但是并没有太多将这个概念与自然人的行为能力以及人格权力进行比较。

有很多想法，事实上美国在过渡时候是通过技术的手段，重新把国王的地位进行了定义。通过合同的方式削减了国王权威，其实是把国王权威，特权授予的方式变成了平选方式，国王和学院变成了平等的关系，通过法律进行相互的协商和修改，所以能够保证章程的有效性。

三、与谈人发言

达特茅斯学院案的启示

苏 宇

我个人理解大学章程有很多种，包括中世纪教皇的诏书，如果再早一些，就像英美法系中的居住法令，在任何意义上都没有办法理解成它是合同。我们知道中世纪有大宪章，所以有很重的色彩。以前没有权力这个概念，是直到霍布斯那个时代成型的，以前都是无所谓公私。包括国王颁发的法令，它也有可能是私的行为。但是就算是私的行为里面也有不同的因素，所以刚才周详老师指出，马歇尔用这个合同，把它从高权性的东西，变成了平权性的东西，我觉得更准确的说法是，它原来的行为应该是有高权的部分和平权的部分，而后来经过革命把高权部分消灭了，高权部分是王权，实际上也是后来作为主权的部分，平权部分就是人格的因素，所以高权就可以用法律进行变更。后来为什么平权会被剩下来，本质上是人格权，和别人达成了协议，也可以理解成是契约，但是这样的契约，实际上并不一定得到承认，马歇尔论证也很简单，以前老的契约，没有论述为什么会这样做。有学者认为公法是私法的基础，因为所有私法上的东西，首先有公法的框架才能承认公共权力和保护。而公权力由何而来？一个是社会契约性质，有社会契约才会产生公的属性，但是不是把所有东西都列成契约，就比如马歇尔在这个判决里说，政府跟学校的关系，这里涉及一个争论，因为思想家本身对人民和政府之间是不是契约，本身是有争论的，就像智慧契约论，马歇尔可能更加保守一些，不承认这个契约。

一切法都是有处境的，所以在这里如果更深一层考虑这个问题，就看到了美国革命的性质，其实美国革命的性质和很多资产阶级的性质是差不多的，它是一个有限度的革命。如果从当下视角来看，今天就把他统治的这部分权力拿掉，但是社会层面，平权这块完全保留了下来，这是这个案件为什么能够通过这个方式得到论证的重要背景。但是今天为什么研究这个案件呢？很大程度上也是我们今天对大学自治，还有对学校权力，学校的法人地位和章程的属性等一系列的问题比较在意，但是对这个案件给我最重要的启示是用最符合现在时代的法律工具去保护大学。当时能够把这个规章解释成合同，但是今天中国大学的章程很难解释成契约，现在章程是法律授权制定的，社会契约就不会有这个说法，所以法权一开始的处境就不一样。

今天大学章程和法人的定位，和以前也不相同，今天的法律类型比以前更丰富，用什么样的方式解释现在的大学章程和大学法人，这也是一个更难的问题，也是没有解释清楚的。但是达特茅斯学院案的意义在于，无论如何，整个法律环境里总有一些法律资源和法律概念能够为新形成的结构提供一种保护。

公、私法人的界分与联系

叶阳永

我对这个案件的了解主要是基于判决书，而实际上本案里面涉及亲属关系，财产纠纷。有一个问题值得商榷，马歇尔当时并没有真正回答公共利益如何界定的问题。我举两个例子，大家可以看到，对什么是公共利益永远是在争论和辩论之中。第一个案例，和达特茅斯学院案相关，也是最高法院的判例，涉及相同的条款，就是对合同的解释，这个判决涉及宪法的条款，州议会不能制定法律侵犯合同里的约定，后来有一个案子判决完全相反，政府作了规定，限制这个合同约定的条款，最后法院支持了。本案发生在大萧条时期，1934 年前后。当时是一个抵押借贷合同的关系，当时因为经济不景气，导致了很多个体家庭破产，但是他们在买房子的时候就把房子抵押给银行，现在破产，导致了很多人要把房子给借款人，就是银行。如果按照原有的合同来执行，便会产生一个很严重的后果，很多人没有房子，被银行收走了。当时明尼苏达州制定了法律，延期这些还款人的还款日期，就是通过政府的法律改变民间的约定，和这个案件完全相反，后来最高法院支持了这样的立法。理由是什么，就是有一个迫切的利益需要保障，已经超越了合同自由的范围。所以即使是私法人并不完全排除公法的介入。

第二个案例涉及私法人也可以介入公法，密歇根大学是一个公立大学，但是密歇根大学的董事会及产生方式是由密歇根宪法规定的，这个在我们国家完全无法想象。刚才我们看是法律赋予大学董事会的权力，但是密歇根大学的董事会的组成和职权是由宪法赋予的，意味着密歇根的立法，就是议会是不能管他们的，因为董事会和议会是平等的，都是通过宪法产生的。18 世纪 60 年代，议会想把一个新的医学学科，一个医学教授安插到密歇根大学的董事会里，但是董事会拒绝了，因为是新兴的学科，董事会一般代表传统的利益，他们认为新兴学科可能和学校发展理念不太相符。后来议会也没有办法，就用了拿钱买权，出台一个法案，提到要向密歇根大学捐款，但是学校想要这笔拨款必须接受这个教授进董事会。密歇根大学认为一旦同意这一条款那就说明二者的不平等地位。几年以后，密歇根的议会老老实实地把这笔钱给他们了。这个案子就可以发现，密歇根大学是公法人，并不是说政府可以无限制地介入他们的立项，就是公法人和私法人可以界定，但是公法人和私法人界定的标准就涉及公共利益，但是公共利益的界定永远在变动的状态，是随着当时政治体系的构成与社会背景，不断地在变动的。所以有时候我在想，美国法一个很重要的意义就是它永远是变动的，根据当时政治环境和经济环境在平衡。

值得一提的是，关于大学董事会的职能在美国也是有差异的，刚才说的密歇根是特别特殊的，应该是美国四个州，大学董事会是由民意选举产生的，其他基本上都是任命，州长任命议会通过。加州是混合制的，密歇根比较特殊，大学董事会的组成和职权是由宪法规定的，在维斯康辛公立大学是由议会调控的，这是没有问题的，因为宪法上写着，宪法赋予州议会管理大学。加州 UC 系统是宪法赋予它的权力，CSU 是州议会决定董事会的组成和相应的职权，所以即使公立大学，在不同州之间的差异也比较大，也就是说章程的权力也不一样，有的是宪法层次的，有的是州法层次的，比较多元。

达特茅斯学院案的当代思考

汪 雄

我在假设，如果 200 年前的案件发生在 2016 年，马歇尔大法官或者联邦法院依然会作出这样的判决吗？像叶老师说的，马歇尔法官作这个判决最重要的依据是把达特茅斯学院案作为一个私立机构，引用了美国宪法第 1 条第 10 项的契约保留原则，不能进行干预，但是《美国宪法》第 1 条第

10 项契约保留原则，在 200 年发展过程中其实已经受到了很大的挑战，包括 1950 年美国有一个法学家格兰特·吉尔莫写过一本书《契约的死亡》，那时候美国因此从罗斯福新政中逐渐定位为国家不完全是守业人的决策，政府应该更加积极一点，那么政府之下公民的私人领域就会相应收缩。像美国的经济学，他们认为既不能一味说政府行政管制彻底从私人领域退出，也不能说要把国家的权力无限制进行扩展，侵害私人领域，而是在两者之间有一个平衡点。200 年前州政府不能干预私立学校的原则，如果在 200 年后的今天重新出现，判决很有可能不一样。这是我说的第一个理由，就是契约论的理由很有可能在现在不成立了。

另外，根据美国当时整个社会思潮，美国联邦宪法 1791 年修正案第 10 条提出了州的权力保留原则，如果联邦的权力没有明文授予给联邦政府，各州保留，而对于教育这个事项没有特别规定，所以自然由州政府进行管理。但是在 1850 年内战之前，州政府并没有去充分运用保留原则对教育作出更多的干预，所以那时候的教育基本上都是私人教会或者慈善机构进行管理，自己筹钱自己经营。从历史的角度来说，私立学校本身是从私人教育机构延伸出来的。如果考察这个保留原则，关于教育的问题，一定要从始至终保留到州政府手里，联邦政府是不能插手的，联邦政府的实践告诉我们，州政府对教育的管理，随着后面的发展逐渐被联邦政府收回去了，因为内战以后，经济的发展，教育的发展，需要州政府作出很多教育行政管理的规定，包括州的教育行政部门，也是内战以后逐渐成立。特别是经历了第一次世界大战、第二次世界大战，包括冷战时期和苏联搞军事竞赛，这时候政府发现教育不仅仅是私人的事业，不仅仅是私立机构可以做的事情，它有时候关切到国家利益，关切到公共的安全，所以教育为了迅速发展，很快超过了州的负担。这时候联邦需要把教育权拿上来，他们要找什么样的理由，可以把教育管理权从州政府回收过来呢？这个时候他们找了一个理由，说教育是与国家的发展，人民的福利相关，根据联邦宪法第一条，如此重大的事情要收回来。

如果达特茅斯学院案发生在今天，同样可以说教育事业是公共的事业，无论是私立学校还是公立大学，不能说政府不能插手。美国宪法是一个判例法国家，从来没有一个具体的制度，即使对公共利益的解释也是飘忽不定的，所以出现了新情况可以通过新的案例进行修正，哪怕出现了达特茅斯学院案，它并没有深刻影响到后来关于教育权划分的问题，因为后来有新的案件出现。中国不一样，中国是一个成文法国家，一方面需要考虑法律制度的设计，另一方面需要站在教育学的角度考虑教育是什么样的事业。如果我们教育是一个纯粹的私人性的事业，它就可以像商业机构一样，但是像教育、医疗、军备，它都是跟人民的生活和整个国家的整体利益密切相关，我们教育的目的，是要把受教育者培养成人，而且还有公共社会责任，就是为国家作贡献。

公立大学的法人制度探讨

李　昕

对达特茅斯学院案的关注，是因为它和法人制度有关联，我一直对法人制度在公法上的意义关注比较多一些，进入教育法研究以后，我关注高等教育比较多一些的原因在于大学谈得上是一个法人。我在达特茅斯学院案中的一个启发是，为什么在美国法上，法人与政府之间章程视为契约，而在大陆法系界定为一个自治法，我的理解是建立在政治对高等教育的影响。在美国相对是自由多元主义，体现在一个方面，就是对办学的多元化。在大陆法系，正好反其道而行之，一开始就是以同质化的模式去整合，把大学整合为公共机构，所有的大陆法系基本上都是这样的，德国的洪堡大学就是在大陆法系的基础上，而且它是公立大学占为主导，私立大学仅仅是点缀。多样化毕竟还是个体之间的契约，而对于大陆法系的章程，它不是这样的契约，是按照统一模板下来的。大陆法系的国家，德国有国立大学法作为上位法，在上位法中有一个框架性的法律制度，公立大学组织性质给了非常明确的规定，法人社团的属性，在这种模式下，试图在国家对它作为公共机构管理的同时，赋予它法人化的身份，使得它具有科层组织的独立自主。这就属于大学自治的范围，通过这种模式实现大学发展的根本的目的，就是建立在学术自由的基础之上。但是它的大学自治从我国宪法来理解，是对学术自由的制度保障，是这样进行理解的，是这样的模式。在这样的模式下，它的大学章程就是在国家法律制度提供的框架下进行细化，那它到底是怎样的细化，我觉得卡尔森的次级秩序，作为一个社团，社团必然有内部的章程。这个内部章程和国家法律肯定是下位关系，它跟英美法中和大学直接对话政府是不一样的，这是一个区别。

另外，两大法系现在也在不断趋同，在美国，在传统自由主义、多元主义的基础之上，政府以更加柔性的方式对大学发挥引导性的作用。对于大陆法系，因为传统的公共性的属性大致行政化的倾向非常严重，所以大陆法系国家对公立大学进行改革，我国台湾地区和日本是用行政法人制度改造大学。德国洪堡大学就是建立在独立法人之下的，今天德国出现了另外一种财团法人，开始进行财团化。财团化意味着考核的指标完全异于政府的目的，更多的是金主的意图。大学问题实际上就是财政的问题，但并不是在这种情况下，大学永远没有自己的自由和自己的独立。无论是对抗行政组织，还是对抗资本市场，唯有完善大学法人制度，只有在制度完善的情况下，才能归属于法人财产，不受捐赠者的干预，这也是信托。信托在某种程度上还是受个体的影响，但是它变化为法人财产的话，它就脱离了捐赠人，这是制度本身的功能。

第八期　教育目标的双重性对教育法的影响

一、沙龙简介

（一）参加人

主持人：李　昕　首都师范大学法律系教授

主讲人：汪　雄　首都师范大学法律系助理教授

与谈人：杜强强　首都师范大学法律系副教授

　　　　荣利颖　首都师范大学教育学院副教授

　　　　戴晓光　北京大学哲学院博士后

　　　　何　颖　首都师范大学教育学院助理教授

　　　　黄　晗　首都师范大学政治学系助理教授

　　　　伏创宇　中国青年政治学院法学院助理教授

　　　　刘兰兰　首都师范大学法律系助理教授

　　　　安丽娜　首都师范大学法律系助理教授

　　　　崔俊杰　首都师范大学法律系助理教授

（二）内容概要

每一个文明体系都有自己的教育观，影响中国的文明体系有五个：儒释道三教和两希文明。通过深入分析这五大文明体系的教育目标我们可以发现一致性，即教育目标的个体性与公共性的复合。今天，我国教育法第5条和高等教育法第4条同样体现出教育目的的双重性。教育目标的双重性造成了学校的法律身份的公私复合性，决定了教育法法域归属的复杂性，也影响到对受教育的权利与义务属性的准确判断。

二、主讲人发言

教育目标双重性对教育法的影响

汪　雄

感谢李老师，感谢各位同人，各位朋友过来参加我主讲的教育目标双重性对教育法的影响的小型沙龙。我之所以想到选这个题目，还是因为在咱们这个沙龙第一讲的时候听到李老师在讲教育法性质时有一个难题，就是教育法到底是公法还是私法。当讲到这个问题的时候，我左思右想不得其解，发现这个问题比较复杂，它需要分开看教育法所处理法律关系里主体身份的不同。考虑这个主体的时候，主体是混合的，既有公也有私，混合决定着教育目标的双重性，也就是教育目标既促进个人的知识和修养，又具有国家公共事业的公共性，所以教育目标的双重性导致了教育法定位的困难。所以我这次小型的报告就是想把这里的关系梳理出来。

之前杜老师已经讨论了这个问题，杜老师的主题是学校对教师的管理权限。之所以成为一个难题，是因为对教师的法律身份存在争议，教师到底是公法上的公务员，还是私法上跟学校之间是雇佣的劳动关系，这是不清楚的。这种不清楚也导致了教师的权限处在一个模糊的地带。针对郑教授提出教育宪法的建构，它是在个性发展和国计民生之间，之所以教育宪法有这样一个徘徊和难题，还是一个立场的难题。因为我们知道宪法调整的是公民跟国家之间的关系，也就是说，一部宪法要么立足于个人本位去保障公民的权利，要么立足于国家本位把国家的制度、国家的权限划得很清楚，当然现在宪法已经在这两者之间寻找到一种平衡。如果说一个部门宪法、教育宪法要独立出来的话，首先需要告诉我们立足于部门的教育宪法，教育的目标是立足于个人还是立足于教育的国家公共性。

对于何颖老师讨论教育选择权的问题，如果教育选择权是一项权利的话，也就是说如果受教育权是一项权利的话，教育选择权肯定能成立。但是如果受教育是一项义务的话，教育选择权很难成立。受教育到底是权利还是义务，这也是一个难题。我们国家宪法和教育法规定既是权利也是义务，仅仅只有职业教育法规定受教育是一项权利，并没有说义务，后面会分析为什么出现这种情况。

然后是学校的性质，比如说之前民办教育促进法禁止学校营利，现在民办教育促进法作出了一个分类，有的说对于义务教育体制外的学校可以选择营利和非营利，但是体制内的学校只能选择非营利。这是为什么？这跟教育的目的相关。所以今天要讲的这五部分，首先我要阐释清楚，也就是从教育法和从支配教育法背后的观念来阐释教育的目标为什么是双重性的，或者为什么一定要是双重性，如果是双重性的话，它是立足于个体性还是立足于公共性？基于这一点，我将对学校的法律身份作出分类，即不是一刀切，它是一个混合体，教师的法律身份也是基于教育目标的个体性和公共性作出一个分类，然后再讨论受教育权的问题。把以上三个问题讨论清楚之后，我们才能最后回过头来说教育法的性质到底是公还是私。

其一：几大文明体系对教育目标确定的影响

在公民的角度一方面强调责任心，是对人类的责任心或者对国家的责任心，中国的教育法总结出一句话，社会主义建设者和接班人。教育法和确定教育目标的双重性也不是一蹴而就的，它跟每一个文明体系里对教育的看法有关。

通过看几大文明关于教育的论断，也可以发现高度的一致性，教育不仅仅是个人的责任，更是你成为一个人，成为一个德、智、体全面发展的人之后要投身于家国天下。

第一，儒家文明的教育目的。

任何一个人首先是真心诚意齐家治国，最后是平天下，有时候一个人还在天地中间为天下人存在。《论语》里有一句话是"修己以安人，修己以安百姓"，也就是说修己确实是一个人一生都要做的事情，从出生到死亡都要去修身养性。孔子的教育目标是要培养君子，而不是小人。什么是君子？有两个层面，在个人层面是德、智、体全面发展，但是自己修好之后就要上升到国家层面，就是治国平天下的层面，到了治国平天下的层面要做的是时刻为社会主义建设做好接班的准备。

第二，古希腊的教育目的。

我们再看看古希腊，《法律篇》基本上有整卷讨论教育的问题，教育跟政治是密切相关的。但是柏拉图所认为的教育和我们所理解的教育有点不一样，比如在《法律篇》第一卷指出了教育的核心是正确的教育，尽可能把孩子的灵魂引领到他必须做的事情上，是德性的教育，关于买卖、经商或者是怎么制作一个鞋子不是教育，所以柏拉图的观点是职业技术教育不是教育。童年就应该受到德性教育，这种教育让人渴望并热爱成为一名完美的公民，懂得如何依正义行统治和被统治。比如，一个完美的公民的落脚点还是统治别人，或者为城邦的公共护卫者作好准备，所以柏拉图教育的目标也是双重的。甚至在《理想国》第三卷的时候也在设想一个城邦发展的时候，如果城邦邦民仅仅以满足自己的物质生活为目标的话，那么也是不足取的，所以第四卷才会有一个正义的城邦的想法出现。

所以，任何一种文明都要把两者结合起来，要么像儒家那样修自己的目的是为了治国平天下，要么像古希腊为了城邦的幸福，必须从小就接受心理和灵魂上的教育。儒家是逐步展开的，古希腊一上来强调公共性，从公共性往内去推，所以每个城邦的优秀青年都要接受生理和体能上的训练。当然这不是教育法研究的范围，但是无论是从个人向公共去推，还是公共向个人去推，我们都能够发现一种教育目标的双重性在五大文明当中是高度一致的。

其二：教育目标的双重性对学校法律身份的影响

接下来再看看这种高度一致的双重性会对教育法的领域产生什么样的影响。首先来看对学校法律身份的影响，学校最简单的分类是公立和民办。

我们来看看中国历史上的学校分类，自古以来都存在着官学和私学。也就是西周那时候还没有出现私学，官学有国学和乡学，国学有大学和小学。到先秦的时候，它是随着西周政权的衰退，春秋战国列国争霸，然后公共教育衰落，私学才会开始兴起填补公共教育的不足，但是大部分都处在游离状态，没有固定的场所，即使孔子的信堂也是在大树之下。但是春秋战国时期是颁布焚书令，禁私学，私学又没有了。到了汉代，中央太学与精舍并存。魏晋南北朝因为政权不稳定，所以学校也是兴废无常，相应的官学会兴盛，国子监是最高的教育行政机构。唐代是继承隋代，所以教育行政机构是比较完善的。唐玄宗开始允许百姓立私学。宋代是承上启下的朝代，宋代继承了隋唐的遗产，形成中央太学和国子监为中心，也为后来的宋、元、明、清奠定了基础。我这里想通过宋代官学和私学此消彼长来解释一下教育个体性和公共性，为什么可以决定官学或者是私学。

在宋初的时候，官学是不稳定的，自发性的，因为那个时候没有精力整顿教育。宋初一些大学者，比如范仲淹、苏轼，苏辙，他们要么是在寺庙，要么在乡间读书，这时候国家基本上没有很好的承担教育的公共职能。因为没有承担教育公共职能，所以也培养不出什么人才，所以到范仲淹主政的时候才有了后来的庆历兴学。范仲淹要进行教育的改革，他要明确教育的公共性的功能，教育的目的经世致用，明经取士。如果忽略教育的公共性，教育设置是失败的。但是庆历兴学失败了，所以范仲淹不得不去了河南郑州创建了学院。私益官学改革的失败也给民间私学的兴起留下了空隙。

大概过了 20 年，到了 1069 年，王安石主持变法，也是痛斥科举改革之弊，无论是王安石还是范仲淹，所想的都是教育的公共性，他们觉得应该让教育的体制为国家培养人才，所以王安石变法有一个法是三舍法，要把中央太学分为外舍、内舍、上舍，初学者先进外舍，成绩好再进内舍，成绩更好直接进上舍。实际上从上学到仕途留下了一个捷径，使得中央太学人才济济，但是这种捷径导致的效果是教育的个体性被忽略，再就是师学衰退。因为大家想的是通过太学的方式去当官，所以他们把科举当官，把教育的公共性当成自己毕生追求的目标，而不再考虑"四书五经"里面的意义，不再为个人的修性来进行学习，所以这也是南宋历学兴起的背景。南宋历学兴起为什么会借助学院，是因为一方面觉得官学不能够满足讲书，另外官学太注重公共性，那种不好的风气不愿意接受。后来私学越来越浓，才有了后面南宋兴起的四大书院。

最后是一个小小的总结，也就是说私学是补充官学的不足，民办教育的存在也是补充了公立教育不足。如果国家不能满足教育公共职能，不能在制度上鼓励或者经费上投入教育，国家的建设者和接班人必然会稀缺。教育的设计必须考虑要协调公共性和个体性的关系。

其三：教育目标的双重性对受教育权的影响

这个问题我在这里谈有一点班门弄斧，因为李昕老师和何颖老师都写过相关的很好的文章来谈受教育权，这里我也不想全面地谈受教育权，我只是想从教育目标的个体性和公共性来分析受教育权。

受教育权是一个很难定位的问题，因为宪法和教育法都说受教育权既是权利又是义务，一边是权利，一边是义务。这个难题我看了一下现在的文献，基本上赞成受教育是权利的占绝大部分。我的观点是区别对待，比如职业教育学校的受教育，因为它就是私法上的关系，你可以放弃，如果你签订了受教育的合同，职业技术学校没有给你派老师，没有给你上课，你可以提起私法上的诉讼。

中国古代也有受教育的义务的问题，比如宋代有一本书《名公书判清明集》。有一个在籍士子李癸发，不好好读书，跑到外面做兼职。这个事情被发现之后，判词是这个人没有廉耻，其原因很简单，就是他是一个在籍的士子就应该好好读书，不应该到外面做兼职，判决理由是樊迟请学稼。依据这个例子，所以判李癸发是不对的，是没有廉耻。如果你是一个在籍的学生，就有义务学习，不应该出去做兼职。但是中国古代没有任何明文规定说在职的学生有义务学习，中国当代的法律文献里也没有说受教育是权利还是义务。分不同的阶段，义务教育阶段是一个基础性的义务教育阶段，所以对教育实施强制。在这个阶段，公民没有选择自由，只有接受教育的义务。所以在义务教育阶段，受教育是一项义务。国家有义务给孩子提供教育，也有义务让孩子接受教育。

我们接下来看看高等教育阶段的受教育是权利还是义务。先看看职业教育阶段，判断是权利还是义务的标准是教育目标，如果教育目标是希望把受教育者培养成一个德、智、体全面发展的人，这是一个个体性的事业，是他个体的事情，他可以做也可以不做，它是一个权利。如果教育的目标是公共性的，你的学习不是为了自己，是为了这个国家和为了这个民族，你就没有可能放弃受教育。

我们再看看职业教育法第4条规定，该条对职业教育的目标作出了一个说明，说职业教育的目标是传授职业知识，培养职业技能，进行职业指导，全面提高受教育者的素质。所以职业教育法第4条并没有规定职业教育的公共性，职业教育就是一个个体性的教育，没有任何的公共性功能，所以它是一项权利，这也是为什么该法第5条是规定公民有依法接受职业教育的权利，没有提义务。

我们再看看高等教育阶段，高等教育法的目标定位是双重性的，我们区分来看，公立高等学校像首师大是一种选拔式的提升教育，通过选拔优秀人才为公共事业服务。目标还是公共性，并且这种公共性极强，所以公立高等学校的受教育依然是义务。

其四：教育目标的双重性与教育法的定位

最后一个问题是教育目标的双重性与教育法的定位，也就是我写这篇文章的缘起，就是李老师的第一次讲座，教育法到底是公法还是私法。对教育法的定位我们需要去考察的是它的调整对象，它到底调整什么，调整什么法律关系，而法律关系的主体决定了法律关系的权利义务的内容，教育行政法律关系的主体有哪些，至少有四类，教育行政机关、学校、老师和学生。我刚才是一一分析了教育行政机关的分类，学校的分类，老师的分类，他们的分类并不是"一刀切"的，比较复杂，所以他们相互之间形成的法律关系也不是"一刀切"的，要么属于公法，要么属于私法，而且是比较复杂的，具体情况要具体判断。

教育行政机关和公立高等学校是一种管理和被管理的行政法律关系。教育行政机关和民办非营利性学校也是外部行政法律关系，教育行政机关和民办高等营利性学校和职业培训学校都是管理和被管理的外部行政法律关系。

看看老师跟学校之间的法律关系，老师跟学校可以形成很多私法上的关系，比如说老师去购买学校的什么东西，这里所谈的是老师跟学校之间工作上所必然形成的法律关系是什么，先看老师跟公立义务教育学校关系。公立义务教育学校是政府的附属部门，老师和公立义务教育学校之间形成了公法上行政法的关系。老师跟民办义务教育学校是什么关系不明确，因为民办义务教育学校法律定位不明确，老师跟公立高等学校是公法上的关系。民办高等非营利性学校跟老师之间在正常情况下是私法关系，但是特殊情况下民办高等非营利性学校会有一些授权行政行为，比如教育行政机关会授予民办高等非营利性学校一些行政权，如果民办高等非营利性学校利用行政权处理学校和老师的关系，就是一种公法人的关系，但是这种授权行政比较少，所以一般情况下是私法上的合同关系，所以是私法的关系。

最后看看学生和学校之间的法律关系，有两个公法关系，公立义务教育学校和公立高等学校。因为民办义务教育学校的主体不确定，所以学生跟民办义务教育学校之间是什么关系不清楚。对于私法关系，因为民办高等非营利性学校和民办高等营利性学校是私法上的主体，所以跟学生在民事合同上形成一些关系。如果私法上的主体，因为行政机构的授权行使了授权行政行为，那么形成的关系是公法上的关系。

所以这就是我得出来的结论，即教育目标的双重性直接决定了学校的不同类别，因为学校的不同类别，因为学校身份的不同，所以学校为中心展开的权利和义务就不同，所以有的是公法上的权利义务，有的是私法上的权利义务，所以教育行政法既属于公法又属于私法。

三、与谈人发言

关于教育目标的双重性对教育法影响的几点思考

杜强强

汪老师讲到教育目的的双重性，个体性和公共性。从教育目的的双重性出发来界定学校的定位、教师的身份，教育的性质、教育中的个人和法律关系是很大的建构，但是仅从目的出发来建构，说教育具有公共性，所以从事公共教育就应该是公法人，或者法律关系是属于公法，我总觉得结论下得太快，未必一个私法人就不能从事具有公共性的教育。

比如，学校到底是公法人还是私法人，我是从这个角度来看的，在我的阅读和学习范围之内。1996 年北京科技大学这个案件以前，我们行政法学界很少提到一个高等学校和学生的法律关系究竟是公法关系还是私法关系，学校是公法人还是私法人。高等学校和学生之间很多关系都是私法关系的，之所以要把高等学校建构成一个公法人，把它的关系建构成是一种公法关系，不是为了强调高等学校所谓的独立性或者是学校的权威，主要还是为了更好地保护受教育者。如果纯粹是一个私法人的话，它随时可以解除合同，如果我们把它建构成一种公法关系，就不能随便开除学生，开除学生要讲究正当程序。在私法上解除合同是无需正当程序的，但是我们把它界定成是一个公法关系，界定成公法人。汪老师刚才提到强调学生的独立性，这个出发点有点问题，公法人和私法人理论建构的实质还是为了更好地保护受教育者的权益。私立的高等学校在颁发学位的时候依然也是一种公法关系，我们不要被公法人和私法人所迷惑，在具体的法律关系中究竟是一种公法关系还是一种私法关系，除了纪律处分、颁发学历之外，高等学校和学生之间绝大多数关系都是私法关系。从这个角度来讲，说高等学校是私法人也是没有错的，要看它每一项具体的关系是什么，这样有可能才会更加地切合实际。我就有这么一点不成熟的见解，请批评指正。

从公法的角度试论教育问题

戴晓光

汪老师的讲座突出一个核心的问题是国家教育角色的问题，一方面回顾了在几大文明里如何理解教育问题，具体区分了公共和个人的两个层面，同时又结合到当下我们国家教育法建设里，理论背后都有涉及。以我的兴趣更关注的是国家在制定教育决策的时候这个角色有什么变化，我简要说一点。

看到汪老师讲到五大文明的时候，我突然想到尼采的一个比喻，《论一千零一个目标》。他认为每个目标都是一个洞穴，比如说中国儒家，等等，它都是有一个自己的善恶标准来引导的文明。一千零一个国家指的都是传统国家的形式，就是文明国家的形式，刚才汪老师也讲到文明这个概念。

尼采还讲了现代国家，有一篇讲到《论新偶像》，"有些地方存在民族和群体但是我们这里没有，我们这里只有国家，国家是什么，国家是所有冷酷怪物之中最冷酷者……"，尼采并不是笼统地认为所有国家都是一个怪物，尼采这里有一个明显的意识，认为国家的文明发生了变化，从以前一千零一个目标，就是所有传统文明型国家到现在契约国家有一个转变，而尼采认为这个转变过程中，国家的职能发生了变化，甚至有一个很快的变化。这个跟汪老师的主题联系到一块，就是这个国家文教担当的问题。

在传统文明国家里，国家这个主权者正当性的来源，法理的来源，也就是它有它的文明关怀和理想，国家是一个文明或者一个文明的民族在实现自我教育过程中的一个公共机构，所以传统文明过程的出发点就是有一个文教职能的。比如，王朝之间的战争，王朝更替，不仅仅是因为打赢了这场仗，而是通过战争获得政权，获得教育人民的权利。因为他能够通过很好的教育文明而获得正当性，这个在中国的历史里很熟悉，就是天命的概念。在这个意义上，它既然承担这个使命，就可以通过教育的思想去塑造人民，尤其指向是人民的道德水平。这是一个方面。

现代国家发生一个变化，现在一个国家的基础不是文明理想，而是由个人组成的社会契约。尼采所批评的主要是自由主义的国家，因为从他的思路来看，当下的思路是不是尼采所批评的，还不完全一样。从法理依据来看有一个新的传统，就是新的法理依据，这个依据里同样也是强调先锋使命，它也是有道德担当，只是这个担当的内容和内涵发生了变化。所以汪老师从公法角度去谈教育问题，还一定程度上体现了这个概念。

汪老师刚才很强调修身的问题，我以前一直在想为什么大学以修身作为第一位，然后也有人问荀子什么是治国，荀子说我只知道修身，不知道治国。如果不把修身的问题放在最前面，治国的问题是没有办法实现的，一定通过修身选拔出最好的人，以德行作为基础，才能有治国的基础。

教师法律身份的定位

荣利颖

从教育学的角度，刚才汪老师提到教育功能。在教育学上，一是教育功能按照作用的对象，分为个体功能和社会功能。二是按照作用的方向，教育是有正向功能和负向功能，对我们而言教育不是中立的，也不仅仅全是正向，有正向，也有负向。三是作用呈现的形式有显性和隐性功能。

个体功能是教育对个体发展的影响和作用，是由教育活动的内部结构决定，就是教育形式和教育内容来决定，所以教育对个体发展的影响和作用也是教育的本体功能或者是教育固有的功能，所以教育最主要的目的是教育个体的发展。它的社会功能就是对社会发展的影响和作用是通过个体在社会中的活动来衍生出来，所以教育的社会功能是教育本体功能在社会结构当中的衍生，也称之为教育的衍生功能，在教育学上是这样划分的。

在作用的方向上有教育的正向功能和教育的负向功能。正向功能是有利于一个特定体系的适应可以观察到的结果，负向功能是不利于体系的适应可以观察到的结果。比如说，正向是有利于社会进步的，负向就是不利于社会进步和发展的。

还有一个划分方法是教育的显性功能和隐性功能。显性是在教育之初期待出现的结果，隐性功能事先没有筹划和觉察到的但是已经出现的结果，这是回应教育到底是不是中立的看法。

除了教育功能以外，之前在财政部的课题是关于教师工资的，这个课题当中首先梳理了一下教师法律地位的问题。基于拨付的主体不同，教师法律身份不同，工资保障机制也是非常不一样，所以我大概给大家介绍一下这个成果，因为我是负责教师法律身份这部分。

世界范围内中小学校教师法律身份的定位有几种：一种是公务员；一种是公务雇员；一种是雇员。第一种是公务员模式。它是以德国、日本、韩国、法国为代表，这些国家把教育看成是国家兴办的公共事业，教师是受国家委托来执行国家意志，按照国家的教育计划和培养目标来教育下一代，执行的是国家公务，所以把教师定位为公务员。法国、德国、日本三国都明确规定，公民取得教师资格证书并且获得教师职位之后，它的身份就是国家或者是地方的公务员，纳入国家公务员行政管理系统当中，适用于本国的公务员法或者是根据教师职业的特殊性专门制定的教育公务员法。韩国的中小学教师也是具有国家公务员身份，享受政府公务员的一切待遇。当然教师公务员模式又细分为一般公务员模式和教育公务员模式。日本和韩国就是专门立法，把公务员又分为教育公务员和一般公务员。

第二种是公务雇员，它的聘任管理体系体现了公务员制度和雇员雇佣制度结合的特点。一方面中小学老师由地方政府来聘任，教师享有公务员的权益，适用公务员法律，教师和政府之间也有行政上的隶属关系。但是，另一方面，教师是在劳动力市场上被聘任，双方签订的是聘任合同，约定聘任期以及双方的权利义务，两者之间形成合同雇佣关系。所以公共雇佣合同聘任的核心特征是政府为主体，市场为导向。基于劳动力市场公开聘任具有资格的老师，基于雇佣契约关系又实施合同聘任制，合同明确双方的权利义务和责任。

第三种是雇员，这种模式在世界范围内的国家比较少，但是几乎所有国家的私立学校都采用这种模式，我们国家也是这种雇员雇佣模式。在这种模式当中，学校在权限范围内，规定了权利义务和聘任期限，发生纠纷是用一般的劳动法进行调解。俄罗斯现行法律规定，教师所在的学校是雇主，并不是政府，老师和学校行政人员的关系由一定期限的合同来调解，所以教师在劳动力市场上以签订合同的方式来被雇佣，所以学校跟教师的关系是这样一种雇佣关系，不受公务员法律的制约。这是目前世界上比较主流的三种教师的法律身份。

审视教育法的地位与性质归属的视角

安丽娜

汪老师给我们提供了一个审视教育法的地位和教育法性质归属全新的视角。之前关于教育法的讨论，这场汇报想到了第一场沙龙的问题，汪老师结论是教育目标的双重性涉及教育法法律归属界定的困难，所以这是一个比较新的视角的讨论，这颠覆了之前往往从法律部门划分这个角度出发去审视部门法的独立性的视角。

现在教育法确实跟行政法，包括宪法各个法的调整对象出现了交叉和重合，我们已经不能通过单一的部门法的界定来对教育法的性质进行界定，反而应当从教育法本身的特点和与其他法律部门的关系来看教育法的归属，与教育法性质的界定。我在讲环境法，也说环境法是一个新型的法律部门，环境法里有公民基本权利，有公民环境权，同时也有国家环境管理体制公权力的安排，所以是在当下公法私法交融的趋势下诞生出来的新型的法律部门。我们对教育法的关注过程当中，怎么样关注教育法或者是类似于环境法这些部门，关注它运行的特点，以问题意识为中心，淡化学科意识来分析它，来审视它，是不是一种更好的视角？

浅析教育的公共性

李 昕

我在这里简单跟汪老师交流几个问题。汪老师谈到教育的公共性，教育的公共性和教育的目的是不是完全等同起来？教育的目的到底是什么？教育的目的对象是人，人是不是可以成为教育的手段？在谈教育公共性的时候，把人作为教育的手段，是不是背离了教育的初衷？

在这种情况下，我是不否认教育是具有公共性的，但是我不认为教育的公共性建立在教育目的的基础之上，教育的公共性应该建立在什么地方，汪老师没有说明。讲课之前，我一直认为教育和国家公共事业是等同起来的，我认为这个公共性是建立在外部基础之上，也就是从经济学、管理学的角度来理解它的公共性，这个公共性就是它的外部性。换句话来讲，就是在市场体制不能提供的情况下优化资源配置的基本功能。

谈到教育的外部的目的，在于完善整个教育培养的体制，在这种情况下对社会具有一定的公益，从这个角度来解释教育的公共性。也正是基于这个教育的公共性，政府会承担一部分教育职能，把教育作为政府的一项公共事业去担当。在这种情况下，把它作为一个政府承担的公共事业来进行对待的话，实现的模式各个国家是有不同的选择，有适合国情的选择，比如大陆法系倾向于以国家主义的方式推行公立教育为主导的模式，政府担当了很多，无论是从它的地位的属性，还是从教师的地位的保障方面，政府担当了很多。

从这个角度上来进行理解的话，就存在一个问题，就是刚才大家所谈到我们到底秉承怎样的态度对国家提供一个正当期待的问题。国家基于教育的公共性，承担一部分教育职能，现在都是以多元化的方式进行实现的，英美法系定位政府保障义务是社会安全网，是自由主义占主导，但是并不等于放弃教育的国家干涉。在大陆法系原来秉持国家教育主导的模式在今天也会涉及公共服务基于教育需求的改革，就是在新公共管理理论指导之下进行相应的改革，引入一部分多元的体制，两大法系还是有一定的趋同。

另外一点，转换到一个具体的法律制度方面，因为道路的选择是不一样的，道路的选择最后都会体现在法律方面，包括学校的地位的定位，包括教师的法律身份也是不一样的，在英美法系对学校很少用公法人这样的概念，因为不用公法人这样的概念进行界定。而且英美法系是市场化，不实行国家学位制度，但是在英美法系是大学学校学位制度，是对于市场的一种认同，它更相信市场。在大陆法系才会有公法人概念的引入。它对于高等学校的定位是公法社团和公营造物法人，作为公营造物法人的话，国家要设立高等学校，要通过人的手段和物的手段来实现它的目的，通过它作为一个公法上社团的法人，要通过这个目的来体现人合性。因为这都是有它承载的具体的目的，这个目的不仅仅是教育的目的，还秉承整个治理中间的政治、经济的治理理念，整个都是不一样的。所以我对汪老师在这一点上，理论方面还是同意刚才各位老师的有些可以有商榷的地方，从落实到具体制度方面，很多地方还是值得商榷的。

第九期　受教育权的人权保障以及在中国的实践

一、沙龙简介

（一）参加人

主持人：李　昕　首都师范大学法律系教授

主讲人：刘兰兰　首都师范大学法律系助理教授

与谈人：丛雪莲　首都师范大学法律系副教授

　　　　张奂奂　北京师范大学国际与比较教育研究院博士

　　　　汪　雄　首都师范大学法律系助理教授

　　　　安丽娜　首都师范大学法律系助理教授

　　　　宋　柯　苏州大学中国法律史学生

（二）内容概要

受教育权是一项基本人权。联合国《经济、社会及文化权利国际公约》和《儿童权利公约》详细规定了受教育权的内容，经济社会文化委员会根据公约，提出了受教育权的 4 - A 保障标准，即可提供性（availability）、可获得性（accessibility）、可接受性（acceptability）以及可适应性（adaptability）。中国作为这两个公约的成员国，应当按照公约的保障标准，采取立法、行政和司法的手段促进受教育权的实现。自 20 世纪 80 年代以来，中国通过制定和执行教育规划，在"两基"的普及率和教育质量上取得了卓越的成就。中国加入国际人权条约，也促进了在教育立法上的进步和完善。

二、主讲人发言

受教育权的人权保障以及在中国的实践

刘兰兰

今天我的报告主要讲四个部分的内容：第一部分是受教育权的国际法框架；第二部分是受教育权的国内法规定；第三部分是中国实践受教育权取得的成就；第四部分是受教育权在中国发展的不足。

其一：受教育权的国际法框架

联合国人权文件当中确认受教育权是一项基本人权，明确规定受教育权内容的国际人权文件主要是这四份：

第一份是 1948 年《世界人权宣言》，这份文件制定之初只是政治性的宣言文件，不具有法律约束力。但是宣言是"二战"以后第一个比较全面规定各项基本人权普遍性的国际文件，并且被联合国系列人权条约和区域性人权条约广泛援引。国际法判例包括咨询意见也提到宣言的规定，包括联合国大会通过许多重要的决议反复提到宣言内容。说明宣言在国际人权习惯法的规则形成发展当中起到积极的促进作用。有些学者甚至认为这个宣言已经成为一种习惯国际法，也具有约束性。

第二份文件是 1966 年联合国《经济、社会及文化权利国际公约》，这个是 1966 年联合国制定的两个国际人权盟约之一，另外一个是《公民权利和政治权利国际公约》。这两个公约加上两个宣言构成国际人权宪章，规定了各项基本权利的内容和保护的标准。《经济、社会及文化权利国际公约》规定的是经济社会文化的权利，也包括受教育权，这类权利在性质上是一种基础权利，《经济、社会及文化权利国际公约》是最详尽的人权公约。一般意见书不具有法律约束力，但是委员会意见具有高度的说服力，因为他们通过一种抽象的方式来解释条约，而不仅仅是具体描述我国国家义务。所以考虑国际人权法对受教育权规定的时候，人权委员会的意见书也是很重要的参考标准。

第三份文件是 1989 年联合国《儿童权利公约》，这是世界上签署国家最多的国际公约，也可以看出来《儿童权利公约》当中的儿童权利和保护标准得到了世界上绝大多数国家的认同。受教育权一个重要的权利主体是儿童，而且教育对儿童的成长也是至关重要的。所以，公约特别强调要按照儿童利益最大化的原则来实现儿童权利。在教育里，《儿童权利公约》特别强调教育的普及以及教育的目的。

第四份文件是 2006 年联合国《残疾人权利公约》，它也是第一部全面保护残疾人的国际法律文件，对残疾人各项权利的保护有很多创新之处，其中包括对残疾人教育的理念和方法的创新。公约规定受教育权除了在继承《经济、社会及文化权利国际公约》和《儿童权利公约》的规定以外，还特别规定残疾人受教育的标准和特殊的内涵。

接下来再谈一谈国际法对受教育权内容的具体规定。在这四个国际人权法的教育文件当中，对教育权的规定主要包括：确认受教育权是一项基本人权，而人权文书大多数采用这样的语言，就是人人都有受教育的权利。这个表明受教育权的主体是一般主体，受教育权是一项基本人权，它表明了接受教育本身就是一项权利，这说明无论在怎样的社会环境、怎样的国家背景当中，接受教育的权利都不应当被剥夺和干涉。从这一点可以看出，国际人权法要求成员国要用一种权利本位的视角来看待受教育。国家要为受教育的实现积极作为，同时要保证教育权利的实现，所以任何为普及教育资源所作的强制性规定，以及国家因为经济社会发展而导致资源不足，都不能否认个人接受教育的权利。在受教育基本人权的普遍认识上，受教育权具体有以下内容，分别是教育目的、教育形式、义务教育的标准，以及教育自由。

受教育权的第一个内容是教育目的。关于教育目的的规定，《世界人权宣言》第 26 条单独一款来规定教育目的，就是要充分发展人的个性并加强对人权和基本自由的尊重。这个目的的概述一直贯彻其后，《经济、社会及文化权利国际公约》第 13 条是规定受教育权最详尽的条款，这一条第 1 款也规定了教育的目的应该鼓励人的个性和尊严的充分发展，加强对人权和基本自由的尊重，所以和宣言的文字一致。

在《残疾人权利公约》第 24 条第 1 款也是规定教育的目的，除了发展人的潜力，要强调发展残疾人的个性和能力，教育要使残疾人能切实参与社会。所以《残疾人权利公约》对教育的目的不仅仅限于在第 24 条，第 8 条当中也规定了在各级教育系统中要培养尊重残疾人权利的态度，包括从小在儿童中都要培养这种态度。

《儿童权利公约》专门有一条第 29 条规定了教育的目的，共五项标准包括充分发展儿童的全部潜能，培养对人权的尊重，增强对特性和属性的意识，儿童的社会化和与他人的交往，以及对环境的尊重，实现儿童尊严和权利直接相关，同时考虑到儿童特殊发展需要和不同的发展能力。

为什么在公约当中一定要强调教育目的呢？教育目的本身就是教育权利的组成部分，教育目的对教育权的实现是非常重要的，所以儿童权利委员会在发布的第一号一般性意见书中，专门阐述了教育目的的重要性，就是儿童受教育权不仅仅是一个准入的问题，而且这个准入的问题是公约的第 28 条。还有一个是内容的问题，就是将内容以第 29 条第 1 款的价值观体现出来的教育对每个儿童在全球化时代发展过程当中是必不可少的。同时委员会指出，在各国实践中能够把公约所要求的教育目的真正落到实处的国家还是非常少。因此我们在讨论受教育权的时候，需要关注的不仅仅是权利义务的内容，也需要关注教育目的是否为了基本人权的实现。如果没有从权利本位出发来制定教育目的的话，就无法充分发展人的个性和潜能，因此会损害受教育权的最终实现。

受教育权的第二个内容是各个阶段准入标准的问题和教育形式。《经济、社会及文化权利国际公约》对此作了详尽的规定，包括这几个阶段：

第一是高等教育，对高等教育的准入标准是对所有人平等开放，要求是平等性。公约还要求逐步做到免费。

第二是职业教育，要有助于帮助学生实现自力更生和具备就业能力的知识和技能，是为了保障受教育者最终能够进入社会能够获取一定的就业能力。

第三是初等教育，初等教育又称为义务教育，是儿童在家庭以外接受基本教育最重要的形式。鉴于初等教育对于儿童成长的必要性，人权公约规定初等教育具有一定的特征，就是义务性和免费性。有关表述是这样的，《世界人权宣言》第 26 条，《经济、社会及文化权利国际公约》第 13 条和第 14 条，《儿童权利公约》第 28 条都有相似的规定。《经济、社会及文化权利国际公约》第 14 条规定成员国应当制定国家行动计划，并且在合理的年限内对一切人实行免费的义务教育。由此可见，国家积极履行义务在实现普及免费的初等教育当中的重要性。

怎样才能达到国家履行教育一定的标准呢？《经济、社会及文化权利国际公约》强调了五点：第一点是义务性，无论是家长、监护人还是国家都无权把儿童是否应受初等教育的决定视为可选择性，接受义务教育是不可选择的，是必须的。只是接受教育的形式可以选择，而且在强制接受初等教育的时候，同时还要保证教育的质量，不是说仅仅提供资源就行，还要保证初等教育的质量。第二点是禁止向儿童、家长和监护人收费的情况下提供初等教育。第三点是详细的国家行动计划，委员会要求成员国加入公约之后，两年之内制定一项专门的详细的国家行动计划来实施义务教育，这个义务是持续性的，不能因为两年没有履行这个义务之后就可以不再继续履行了。这个计划同时包含详细的行动以及定期检查进展情况。第四点是义务责任，第 14 条规定国家义务责任是要求国家不得以缺乏必要资源为借口来逃避制定行动计划的积极履行义务，发达国家或者发展中国家不能以经济发展水平为借口逃避义务教育的责任。第五点是逐步实现免费义务教育。国家在制定计划的时候，必须要具体规定一系列的目标实现的日期，所以强调了这项义务的重要性和不可变更性。关于义务教育的标准，联合国经济社会文化委员会给出了明确的标准条件，这是有关于义务教育的标准。

第四和残疾人有关，是包容性教育，中文的另外一种翻译又叫作全纳教育。《残疾人权利公约》第 24 条明确规定了包容性教育的主要内容。一个是残疾人不应该被排斥在普通教育系统之外，尤其是残疾儿童不应该被排斥在免费义务教育和中等教育之外，这就改变了过去基于残疾的原因，把残疾人和普通受教育者分别进行教育的隔离式的教育方式。公约要求促进残疾人融入主流社会、社群和社区一种融合性的教育方式，这是残疾人受教育权的核心。

包容性教育的另外一个主要内容是基于对残疾人的歧视。歧视的内容不仅仅是禁止基于歧视接受教育的机会，还包括接受同等优质的教育，所以从国际人权法来看，包容性教育不仅仅是一种教育理念或者是一种教育模式，而且还被国际社会认同是受教育权的层面。

儿童权利委员会发布题为《残疾儿童权利的第9号意见书》是这样定义包容性教育的，包容性教育应该成为残疾儿童教育的目标，从核心意义上来讲，包容性教育是价值观、原则和做法，设法为所有学生提供有意义、有成效和高质量的教育，并平等地对待。所以，包容教育最后的目标不仅仅是针对残疾儿童，对于所有的儿童，要在一个没有歧视，在多元化的教育环境中接受教育，所以目标群体是所有儿童，不仅仅是残疾儿童。

受教育权第三个方面的内容是教育的自由。在《世界人权宣言》和《经济、社会及文化权利国际公约》、《儿童权利公约》都有规定，基于父母对其子女所应受的教育的种类或者是形式。以上是国际法框架下对受教育权内容的具体规定。之所以详细检查这几个国际条约的文本，是因为中国是这几个国际公约的成员国，对于公约中所规定的内容作为缔约国来讲，中国有义务遵守条约。

经济社会文化委员会构建的4A框架在经济社会文化委员会第13号一般性意见书中提出，要求国家实施各种形式的教育应该体现四个方面的特征。这四个特征英文的首字母都是A，所以称之为"4A"框架，分别是可提供性、可获取性、可接受性、可调适性。

第一是可提供性，是指国家要提供足够多的教育资源。这主要是一种定量的指标，具体包括国家要建设充足的教育机构以及包括制定教育计划，并且为运作设置相应的发展的配套设施，包括合格安全的校舍，教学大楼、教学建筑、卫生设备，等等；还有教学材料，教学用具，以及包括教学的技术，比如说图书馆、计算机、网络设备等一些信息技术设备。

第二是可获取性，是指人人都能不受歧视地来利用这些教育资源。主要包括三个相互交叉的因素：第一个因素是非歧视因素，非歧视原则在所有人权公约当中都是一个基本的原则，在教育领域这种非歧视因素尤其表现在任何教育形式上都要禁止任何理由的歧视，这样教育资源才能公平地为所有人所获取。第二个因素是实际可获取性，教育必须在安全的物质环境中进行，比如安全的学校环境、安全的校舍，以及包括就近入学，要通过划分学区实现就近入学，而不是长途跋涉，以及利用一些信息技术实现远程教学。对一些终身学习的人群来讲，已经离开学校了，但是要保持受教育机会，还可以通过信息技术来持续接受教育。这些物质环境为教育资源的普及提供了现实性的条件保障，所以使得受教育者更现实地来享受教育权利。第三个因素是经济上的可获取性，教育费用应该是人人负担得起，尤其是基础教育应该是公益性的，所以对不同教育阶段经济上的获取性可能不太一样，但是对于基础教育来讲，必须是免费的，因为这是每个受教育者接受最基本的教育的内容，中等和高等教育要逐步做到免费或者让受教育者能够负担得起。

第三是可接受性，要求缔约国在教育的形式和实质内容上，包括提供的课程和教学方法上要为学生所接受，在一定情况下也要为学生的家长所接受。教育的内容要兼顾不同的宗教和文化的背景，让学生接受最适合自己的教育。

第四是可调适性，要求教育必须要灵活，教育必须能够针对社会变化和社区的需求进行调整，以符合不同背景学生的多样化的学习需求，所以这种可调适性对于教育的内容以及教育目的提出了标准。我们的教育是为了发展人的个性，而不是培养一种社会的文化产品。以上是国际法对受教育权的总体框架，这个框架既包含了受教育权的内容，也包含了国家为实现受教育权应当履行的具体义务的标准。

其二：教育权的国内法保护框架

从国内法对受教育权的规定来看，受教育权有四个方面的内容，教育目的、教育平等、义务教育和教育自由。为了更好地比较，我列了一个简表来展示四个方面的内容。

首先是教育目的，通过这个表可以看出教育目的在这些法当中都有相关规定。最典型的是教育法第 5 条规定的教育社会主义建设者和接班人，此后高等教育法和义务教育法中对教育的目的的规定都有体现社会主义建设者和接班人的目标。

其次是教育平等，禁止对受教育者进行歧视，禁止歧视的事项一般包括民族、种族、宗教信仰、职业、财产状况、性别。其中特别值得注意的是，高等教育法当中关注受教育权平等的条款第 9 条，但是这一条是这样规定的，公民依法享有接受高等教育的权利。这一条尤其强调高等学校必须招收符合国家规定录取标准的残疾学生入学，不得因其残疾而拒绝招收。高等教育法虽然没有有关禁止歧视的规定，但是在第 9 条尤其提到不得因其残疾而拒绝招收残疾学生。

再次是义务教育，除了高等教育法以外，相关的教育法律都明确规定了义务教育的义务性，但是有一个值得注意的地方，就是关于残疾儿童接受义务教育的方式。义务教育法第 19 条规定普通学校应当接收具有接受普通教育能力的残疾适龄儿童、少年随班就读。体现了儿童权利公约当中所规定的包容性教育的要求。但是在残疾人保障法第 25 条仅仅规定的是普通中小学必须招收适应其学生生活的残疾儿童、少年入学，这个入学规定随班就读，可能仍然在一种普通的教育机构学校附属特殊教育班，还是把残疾儿童放在一个单独的班里进行教育，这样就违背了公约包括义务教育法规定的包容性教育的目的。而且残疾人保障法在修订的时候，还没有关注到义务教育法规定的不同，所以在以后的立法修改中还需要把包容性教育更加明确规定一下。

最后是教育的自由，就是尊重家长为子女选择教育的自由或者是家长有决定子女接受教育的优先权利。法律有一些条款是关于家长教育职责，但是没有规定家长决定子女接受教育的选择权。虽然没有明确规定家长的自由选择权，但是法律还是体现了教育机构进行教育的自由。

以上是在立法上采取的措施，我这个研究当时在做的时候有一个缺陷，我仅仅是梳理了法律的一些文件。对于很庞杂的教育法规，尤其是教育部颁布的一些教育行政法规还没有进行梳理，而且这些法规随着年代的变动有一些更新，这也是我接下来想要做的，就是将行政法规包括一些规章相关的内容再进行详细的梳理。

其三：我国教育权实现的成就

除了立法上采取措施以外，中国政府在教育规划上下了更大的力气，这些文件仅仅是改革开放以来一部分教育政策的文件，这些文件在不同的历史时期对中国的教育进行整体规划，并且制定详细的计划目标，这部分我简单说一下。第一个具有里程碑式的教育规划是1985年全国教育工作会议上通过的《中共中央关于教育体制改革的决定》，这份决议制定的关于教育一系列的决定都为中国教育发展指明了道路，影响深远。这份决议当中关于九年义务教育、职业教育以及高等教育发展的一些相关决定，直接影响20世纪90年代制定的教育法和高等教育法一系列的教育法律。

第二个文件是1993年《中国教育改革和发展纲要》，在这份文件当中，提出了"两基"目标，也就是在20世纪90年代末21世纪初，要实现全国基本普及九年义务教育和基本扫除青壮年文盲，这是备受国际社会称赞的在教育上所取得的最瞩目的成就，就是用三年不到的时间实现两基目标。

第三个文件是1999年《中共中央、国务院关于深化教育改革全面推进素质教育的决定》，提出在教育的各个阶段推行素质教育，提高教育质量，从这个文件可以看出我们国家的教育政策开始由量化的目标转向提高教育质量，追求在教育发展当中质的提高。

第四个文件是2004年《2003—2007年教育振兴行动计划》，巩固"两基"目标，加强发展农村教育改革，提高义务教育的质量和水平。在巩固"两基"目标的基础上，我们还提出兼顾尤其是经济落后地区的教育发展，以及包括教育质量水平的提高。

第五个文件是2010年发布的《国家中长期教育改革和发展规划纲要(2010—2020年)》，这份文件把促进公平作为基本教育的政策，并且强调教育公平的主要责任在政府，全社会要共同促进教育公平。所以从教育的规划措施来看，中国政府在积极制定国家行动计划方面忠实履行了公约的义务，也正是中国政府强有力的行政干预，中国教育才取得了一些举世瞩目的成就。

这是教育权实现的成就，2006 年底全国实现了"两基"目标，我们在《国家中长期教育改革和发展规划纲要（2010—2020 年）》当中还提出一个目标，到 2020 年，我国高中毛入学率将达到 90% 以上，目前只有九个省份高中毛入学率在 90% 以下。还有一个成就是 2012 年，我国财政教育经费支出占国内生产总值的比重达到 4%，这是多次讲到的加大教育投入，达到了一定的比例。还有各级政府在义务教育阶段为残疾儿童提供随班就读的教育方式，改变了过去特殊教育水平包括投入都比较落后的现状，尤其是改变了过去对残疾人隔离式教育的理念。在高等教育部分，2014 年，我国高等教育入学率达到 70% 以上，高校数量居世界第二。在国家资助方面，资助资金在不断增长，另外就业教育规模不断扩大，这些都是中国教育发展成就的一部分，显示中国政府积极履行义务所取得的一些效果。

其四：我国受教育权发展的不足

这些成就取得的同时，中国在履行人权公约当中尚有差距，这些差距的产生有一些是客观原因，也有一些是主观因素。主要是基于基础教育的情况总结了几点不足：

第一，经济发展不平衡导致教育资源不均衡发展。我们现在有一种说法是教育脱贫，贫困不仅导致生产力低下，也会导致教育水平低下，同时影响教育资源在城乡之间、在家庭之间，甚至在男女两性之间公平的分配，所以不均衡的发展恰恰和公约当中所要求教育可获得性非歧视的原则是相冲突的。

第二，农村教育质量仍然不高，也是教育资源不均衡发展的负面影响，它和城市教育相比，农村教育在基础设施建设、师资的质量、课程建设以及学习方式等方面都有很大的差距。农村地区的教师工资待遇低，优秀教师极缺，而且在教师考核、学生考核和素质教育上有较大的差距。

第三，司法制度的不完善，主要体现在司法实践中对侵犯受教育权的行为没有得到充分的救济。说到司法救济，中国的受教育权的教育实践主要通过民事诉讼和行政诉讼两种方式进行救济。在民事诉讼中关于受教育权的诉讼主要涉及这几个方面：

第一类诉讼是关于受教育权的平等保护，这类案件多发生在招生录取过程中，教育部门或者是教育行政行为侵犯了考生的平等权。比如2000年青岛三个高考考生起诉教育部，认为教育部根据当年招生计划划定不同地区的录取分数线的行政行为侵犯了他们的受教育权，由于这三个考生提起诉讼并不符合行政诉讼法规定管辖的范围，所以他们最后又撤回了起诉。但是这场官司引发了社会广泛的关注，尤其是对于高考录取制度当中所涉及招生录取标准不平等现象的关注，也推动了教育部门之后对高考招收制度进行改革，从2000年开始，各地开始尝试一些自主命题高考改革。

第二类诉讼涉及的是免费义务教育。2005年有一个北京小学生对北京市教委提起诉讼，原告监护人起诉学校收费行为违反了义务教育法规定的义务教育免收学费的规定。西城区法院最后裁定原告要求不属于法院审判的范围，所以驳回了诉讼请求。这个是在义务教育法修改之前发生的事情。

第三类诉讼是关于教育自由，这类诉讼实践当中争议比较大的是教育选择权。2004年，北京石景山法院受理了一个现代私塾挑战学校教育而引发变动抚养关系的民事案件。原告是个8岁孩子的妈妈，原告起诉被告爸爸，要求变更监护权，就是爸爸不送孩子上学，原告和被告是在孩子2岁的时候就已经离婚，孩子监护权判给被告，被告一直扶养孩子。等孩子要到上学的时候，被告选择在家里对孩子进行教育。原告多次要求被告把孩子送到学校，而且认为家庭式教育的封闭性不利于孩子接受自然包括人与人之间的交往，又违反了义务教育当中监护人送孩子上学的监护义务，所以起诉要求法院变更监护权。

法院经过调查以后，发现被告实行的家庭教育对孩子来讲并不是完全无益的，法院还作了学习水平的测试，发现一天没有进到学校上学的孩子可以达到小学三年级的水平，尤其在英语和语文阅读方面甚至超过同龄的孩子。所以法院最后综合考虑，认为对于离婚以后的子女扶养问题从有利于子女身心健康，保障子女合法权益，并且结合父母双方抚养能力和条件综合考虑，最终判决驳回原告的诉讼，仍然维持监护权不变。

但是法院在判决当中也同时指出，从义务教育对成年人进行德、智、体、美、劳教育方式和家庭教育模式来看，家长的能力毕竟受到局限，所以法院因此督促被告在合理期限内应该尽快履行义务教育法所规定监护人的义务，送孩子进入学校接受义务教育。这个案件是因为父亲给孩子选择教育方式所引发的民事案件，法院尽管最后支持了被告，但是在判决当中和审判当中，回避了家长是否有优先选择权为孩子选择教育的问题。一方面是我们国家立法没有确定家长教育自由，另一方面也说明家长在选择教育权受到干预没有进行司法救济。

追溯到 1999 年海淀法院受理的科技大学拒绝颁发学位和毕业证的行政诉讼，由学生直接发起的行政诉讼当中，法律在平衡尊重高校自主权和学生受教育权的关系上还存在一些立法保护方面的疏漏。作为行使行政管理权的高校，应该享有大学资质的若干权利，管理学校的教育和学生事务。在行使行政权的时候，尤其是在影响学生继续接受教育的行政处分的时候，它所依据的规范性文件的合法性是诉讼当中的焦点。在女大学生怀孕被开除的案件中，以及 1999 年的田永案件当中，作为被告的学校都是因为处分学生的校规而直接影响到当事人继续接受教育的权利，而教育机构制定的内部的校规严重影响受教育权实施，它可能存在或者缺乏上位法的授权，甚至有时候和上位法相冲突。所以这是关于司法救济方面的不足之处。

最后作一个简单的总结，在我们国家举国之力办教育的环境下，我国政府在尊重教育权利以及提供教育资源制定教育规划方面比较忠实地履行了国家义务，所以受教育权量化的程度比较明显，达到了可提供性的标准。但是不足之处是教育发展不均衡，相关的立法也有待对这些问题进行回应，以提高受教育权完整的法律保护。

三、与谈人发言

从校园安全的角度解读对受教育权的保障的问题

张奂奂

现在国内有很多校园安全事故，2016 年中关村某小学出现校园欺凌案件以及校车安全事故，包括幼儿园幼儿人身安全问题，所以我想从实际案件切入。

2016 年 10 月在吉林四平幼儿园，幼儿园三四个老师利用了视频盲区对儿童进行人身侵害，用针去扎，最多的孩子身上被扎了 50 多针。幼儿语言表达能力有限，所以没法向家长讲述怎么遭受侵害，后来家长建立了一个微信群，发现受侵害的有 10 多个孩子。最后四平法院判决的依据是通过刚刚颁布的刑法修正案第 9 条，最轻的判了 2 年零 6 个月，最重的判了 2 年零 10 个月，这个案件最重只能判 3 年。

所以从这个案件折射出有这么几个问题和大家探讨一下：第一个问题关于幼儿园伤害事故的类型，如果我们厘清幼儿园伤害的类型，我们就能够找到具体相应的幼儿园伤害事故的认定。另外一个问题是关于监控设备与教师权利的矛盾。然后是幼儿园伤害处理程序。最后讲一下个人对幼儿园伤害事故的防范和对策。

第一，关于伤害事故的类型主要依据教育部颁布的《学生伤害事故处理办法》，比如说第一种类型是学校幼儿园设施导致事故，这种案例是过错推定原则，就是幼儿园证明自己没有过错，否则就要承担相应的法律责任。第二种是教师和保育员故意虐待儿童，这样的事故也是适用过错责任原则。第三种是幼儿自身的原因导致突发性事件的伤害事故，其中要分两类，比如家长已经事先告知学校我的孩子有癫痫特异体质，学校如果作为善良义务人的责任，就承担相应部分的法律责任。如果家长没有尽告知的义务，幼儿出现这种突发事故的话，幼儿园是不承担民事法律责任的。

第二，我要讲的是监视设备与教师权利的矛盾，幼儿受伤害过程当中取证比较困难，像吉林四平这个案件是教师利用监视盲区，给教师安装探头或者给幼儿配备监视设备是否合法？学校如果给幼儿配备微型设备，是否侵害了教师个人的人身自由权利？所以在监视设备与教师权利之间出现了矛盾怎么协调？

第三，关于幼儿园伤害事故的处理程序。首先，幼儿园应该尽到救助的义务，这种救助义务是无条件的，不管事故发生的过错是谁，幼儿园首要责任是抢救受伤的幼儿。其次，关于幼儿园的报告义务，当幼儿发生伤害之后，应该及时向上级行政部门报告，使得上级行政部门尽快介入社会调查和善后处理工作，避免家长和学校之间矛盾进一步激化。再次，协商与调解，在国外是学校和家长通过第三方或者是其他途径经过调解之后，会与家长签订一份具有法律效力的合同。最后，如果调解无力的情况下应进行民事诉讼或者是刑事诉讼。

第四，关于幼儿伤害事故的防范和对策，首先应该建立一个健全的规章制度，包括定期的检查和整改。最主要的是定期检查幼儿活动的场所和设施，及时排除安全隐患。最后是对幼儿开设安全课程，提高幼儿自身的保护能力。

浅析教育权与知识产权的潜在冲突

丛雪莲

我从学科的角度谈一点对受教育权的可获取性，我除了讲国际私法以外，还讲知识产权法，我听完以后，觉得受教育权跟知识产权法有一定的冲突。法律是一个系统，在制定过程中应该是全盘考虑，随着国家知识产权保护力度的加大，知识产权保护的力度、深度和对象方面都提高了保护的水平。知识产权在保护力度和保护水平上的提高是权利的扩张，知识产权法第一条是确立私权的属性，所以扩张是一种私权的扩张。私权的扩张必然会对公共利益带来一定的侵蚀。受教育权是具有公益性质的，要求人人都能够自由获得信息，能够自由使用这些信息，但是知识产权的保护要赋予对知识信息的垄断权，所以二者之间必然产生冲突。包括著作权法修改之后和专利法修改之后，也增加了基础保护措施确定为合法性。基础保护措施就是对作品传播中接触的信息作一些技术上的处理，让你不能轻易打开和复制，这些都是对受教育权的冲击。

教育法需要有可获取性，知识产权的立法发展在某种程度上阻碍了这种可获取性，教育法怎样在其他立法当中得到体现，或者对立法的宗旨得到保护，可能是一个问题。各个立法是局限于自己的领域，在强调保护自己的权利而忽视其他的权利，这样就造成权利与权利之间的冲突。

刚才刘老师谈这个问题的时候，我就在想跟我相关的问题怎么来解决，虽然知识产权法对这个问题有一定的解决方法，知识产权一直强调公益和私益的平衡，也对知识产权的利用作了一些限制，但是那些限制还是远远不能满足教育法的要求。知识产权法要求有一个合理使用的限制，我们国家著作权法用了完全列举式，列举了 12 种情况，从受教育权的角度是不是满足于我们所有的需求？比如义务教育，尤其是初等教育应该完全免费，在知识产权法当中，规定使用他人的作品、美术作品或者是音乐作品是需要支付报酬的，义务教育主要是针对教育具有一定的公益性，但是没有实现免费，如何保障知识产权权利利益这一块，还有实现教育免费或者是保障公益性这一块，法律和法律之间还是需要协调的。不仅是法律内部协调，不同的部门法之间，上下级法之间，平等的法律之间，也应该对这些文件作一个通盘的考虑，作一个协调。

再一个是从可提供性这一块，我们国家在受教育权方面提供的力度还不够，比如教育资源的不均衡问题，还有国家财政教育支出虽然达到了4%，但是与世界平均水平4.5%还是有差距，所以除了宪法还有基本法作一些基本的原则性规定以外，怎样在具体操作上能够切实落实下来，政府还可以多作一些工作。比如加强公共教育机构的建设，博物馆馆藏在这方面可以作一些贡献。还有政府进行知识产权的政府采购，以保证知识产权利益的实现，另一方面也促进了公共产品信息的数量，解决知识资源获取的问题。

受教育权要求公益性、无偿获取性，知识产品是对自己成果私权的保护，但是二者之间肯定有关联，因为知识产品都是在前人的基础上来获取，所以知识产权在保护私权的情况下要考虑公益性。

受教育权的司法救济

安丽娜

非常感谢刘兰兰老师从国际人权法的角度探讨受教育权的问题，特别是 4A 标准的提供为我们从国内审视受教育权发展状况提供了很新的视角，这是区别于之前宪法的角度的观察。说到具体行政法领域对受教育权的观察而言，主要有两个角度，一个是在行政权利履行过程的前端，也就是行政教育管理过程中，以及教育本身运行的过程中对受教育权的保障。首先从立法上来说，目前我们对于教育的立法是否都是以类别或者是阶段立法，就是义务教育、高等教育、民办教育，这里有受教育的权利和学校机制的规定，但是学校到底有哪些权利，学校的运行机制是怎样的，怎么样制约学校，学校应该承担什么样的责任，还没有这样的法律，这个也是导致受教育权没有得到完善的原因。

另外，从后端角度来讲，主要从教育行政诉讼，用司法保护的程序来保护受教育权。受教育权以教育行政诉讼为主，教育行政诉讼由来已久，最近行政诉讼法的修改能不能为受教育权的保障提供新的契机？

第一，新的行政诉讼法从立案审查制改为立案等级制，更多意味着效率的提高。只要进入立案登记这个环节，以最快的速度进入司法程序，也会迫使高校面对大量应诉的压力，在这种压力之下规范运行和管理过程中的程序的完善。

第二，新的行政诉讼法规定对规范性文件审查可以一并提起。如果经审查认为这个规范性文件不符合法律规定的时候，还可以向有关机关提出处理和建议，从而使司法对教育行政有了一个更好的监督机制的入口。

4A 框架研究的完善建议

李　昕

　　我对刘兰兰老师的讲座最感兴趣的是她的思维框架，这个可能是作为学法律的人共性的一点，因为我们可以作为一个衡量标准。从国际和人权角度所谈到的思维框架，同时我会考虑在行政法上对应的是什么制度，这就是学科根深蒂固的影响。刘兰兰老师谈到的思维框架中间可提供性这个问题，对于可提供性，刚才刘兰兰老师也概括了它是一个定量的指标。作为可提供性，行政法上非常重要的问题是行政法作为大陆法系所涉及公营造物设立的问题，这些公营造物的设立包括幼儿园、中小学，就是国家以组织的方式提供受教育的设施机构，一个是配备相应的人员和相应的物，一个机构，一个组织，以组织的形态去满足可提供性。从可获取性，一个基本的原则是人人可以不受歧视地利用教育机构和相应的方案，就是一个教育公平的问题。原则之后还谈到实际的可获取性，可获取性折射到行政法上一个问题，就是具体的制度对于获取教育资源的一种保障，包括具体的制度，这个具体的制度转化成行政法上面对受教育权保障的问题，比如说就近入学等很具体的问题。

　　另外，谈到了经济上的可获取性，对于经济上的可获取性转到行政法上，就是对教育公益性保障的问题，我们以什么样的方式来保障教育的公益性。作为教育事业本身是公益的，但是中国目前修改的教育法是同时配合着民办教育促进法进行修改的。在这种情况下，营利与教育的公益性之间是什么样的关系，这可能是我们从行政法角度必须要考虑的。换句话来讲，要满足教育的公益性，同时又要对目前教育提供多元化，就是提供的发展目标与提供方式之间有一个契合，就是目的和方式之间如何进行契合。教育的公益性作为一个目的追求，而提供方式是多样化的提供方式，可以以营利和非营利两种方式进行提供，这两种方式都与公益性进行契合。如果这两种方式都共同归属于一个价值追求，就是公益性的话，是不是会在一个教育产业方面，国家基于这样一种公益性，不同手段既有区别又有共同的保障义务，这是需要在行政法上考虑的一点。同时作为行政法也会考虑公益性的判断、衡量和标准是什么，这个也跟我目前所作的研究有关系。谈教育公益性的判断和衡量标准，同时我也会谈作为健康权保障医疗产品目前回归了公益性，就是强调公益性。我们怎么样对公益性的判断标准给一个法律上的判断标准，而且这个判断标准在不同的制度方面有不同制度方面的体现，包括政府的税收减免和其他保障，等等，这些都要有相应的保障制度。

对于可接受性标准，可接受性谈到的是教育的内容，更多强调从教育的内容这个层面去判断它的可接受性，宪法和行政法上关注的一点是什么呢？就是个性发展保障问题，美国曾经有多起在宪法上引发有关受教育权保障的诉讼都是围绕着可接受性。

教育的内容要具有一定的可调适性，灵活性，教育学领域会更多地对这个问题进行关注，会考虑到课程的设置、相关的指南如何有一个灵活性的相应的调整。对行政法的研究来讲，我们可能会转化成一个问题，就是强制性课标，为学校所设定的义务以及学校自主性选择之间关联的问题。人权法上所提到的衡量的标准转化成不同的部门法，会从不同的角度进行相应的解读，转化到行政法上的话，刘兰兰老师在讲的时候我很自然形成一种转化，这就是学科本身的区别。我们从立法上来讲，如果按照 4A 标准，4A 标准是很庞大的标准，现在职业教育法还需要修订，另外是家庭教育法是缺失的。刚才安丽娜老师提到一个学校法，我们目前没有统一学校法，所以一直在呼吁制定统一的学校法，另外一个是家庭教育法的制定。我以前对家庭教育法接触不多，到现在对这个领域也还不是很清晰，要界定这个内容的话，还是需要回归到我们对整体受教育权的保护，从各个层面，家庭、社会、国家几个层面上各自的定位，最后回归家庭教育法应该调整什么样的内容，所以还是要回归到受教育本身，这是非常有必要的。

第十期　营利性民办学校市场
准入法律制度现状及展望

一、沙龙简介

（一）参加人

主持人：李　昕　首都师范大学法律系教授
主讲人：安丽娜　首都师范大学法律系助理教授
与谈人：刘永林　中国教育政策研究院博士后
　　　　俞　祺　清华大学法学院博士后
　　　　何　颖　首都师范大学教育学院助理教授
　　　　刘兰兰　首都师范大学法律系助理教授
　　　　崔俊杰　首都师范大学法律系助理教授

（二）内容概要

2016 年 11 月 7 日，第十二届全国人民代表大会常务委员会第二十四次会议审议通过了《关于修改〈中华人民共和国民办教育促进法〉的决定》，此次第二次修法的亮点之一是确立了民办学校分类管理的法律依据，特别是明确了营利性民办学校的法律地位与法人属性，而作为营利性民办学校监管的首要环节，市场准入法律制度在规范营利性学校办学行为、防控办学风险、维护教育公益性等方面发挥着重要作用。因此，面对民办教育促进法确立的分类管理的顶层设计与营利性民办学校的具体实践需求，营利性民办学校市场准入领域、准入标准、准入程序等具体制度的完善是当下亟须解决的问题。

二、主讲人发言

营利性民办学校市场准入法律制度现状及展望

安丽娜

其一：营利性民办教育制度的变迁

在很早之前，比如在 20 世纪 80 年代就有关于私立教育、民办教育的关注。但是关于营利性民办教育的制度变迁，我个人认为我们国家教育政策开始对营利性民办教育积极地回应，积极探索营利性和非营利性民办学校的分类管理。同样也是在 2010 年，国务院办公厅发布了《关于开展国家教育体制改革试点的通知》，将上海、浙江、深圳、吉林华侨外国语学院被确定为探索民办学校分类管理的试点。之后，在 2015 年 12 月底通过的教育法和高等教育法两个修正案，这里已经通过以全国人大法律的形式，取消了关于举办营利性民办学校的禁止性规定。所以教育法和高等教育法的修改，标志着我们在探索营利性和非营利性民办学校在法律这个层面上已经没有了障碍。

之后，在 2016 年"十三五"规划纲要当中，关于教育部分，提出要建立分类管理、差异化扶持的政策。2016 年 11 月，也是在民办教育领域里有一个专门的法律，民办教育促进法第二次修正通过，这次修法最大的亮点就是确定民办教育分类管理，它特别明确了社会力量可以兴办义务教育之外的其他的教育领域的一些营利性民办学校。

为了回应此次民办教育促进法修正通过，教育部以及其他部门以规章的形式，连续发布了《民办学校分类登记实施细则》以及《营利性民办学校监督管理实施细则》，我们所期待民办教育实施条例的通过，具体的国务院行政法规也是需要一定的时日，所以以两个规章的形式来为目前的分类管理提供进一步细化的规定，这是目前关于营利性民办教育制度变迁大体的流程。

民办教育促进法以及相关政策的出台，标志着目前我们民办教育分类管理的顶层设计已经完成。但是面对这样的政策，还有营利性办学的具体需求，又面对长期以来之前所有的旧制度，都是针对非营利性的制度或者是民办学校制度设计的教育制度。所以试图在这种制度环境当中，去规范所谓的前所未有的营利性学校的办学行为，对我们当下来说是一个挑战。

在监管过程当中选择全程的监管，比如事前的监管、事中的监管和事后的监管，我把最后的领域聚焦为营利性民办学校事前的规制，主要是市场准入领域法律制度过程当中。

其二：营利性民办学校市场准入法律制度的厘定

首先对营利性民办学校法律制度进行一个厘定。市场准入往往是指国家或政府准许自然人、法人进入市场从事经营活动的法定条件和程序规则的总称，它也是国家干预经济或者是履行国家经济职能的重要表现。市场准入有很多分类，但是依据宽严程度不同，可以分为一般市场准入和特殊市场准入。一般市场准入比较简单，是指自然人、法人进入市场从事经营活动所必须具备一定的法定条件和基本遵循的程序规则。在具体法律制度当中对应来说，一般市场准入往往对应的是企业的设立登记，一个自然人或者一个法人想进入市场，通过设立企业的方式，只要它具备了资金、场地、人员等这些方面的条件，直接去登记部门进行企业设立登记，它就有了市场主体的地位。相对来说，这样的一般登记程序比较简便，它的条件也比较宽松。第二类是特殊市场的准入，是指自然人、法人进入公共利益，又有重大影响的这些特殊市场所必须遵循的程序规则和必须具备的条件。这些必须具备的条件，比如必须要经过国家的特许或者要经过行政部门的审批。国家特许或者是行政审批这样一些牵制性的程序规则，就成为特殊市场准入制度特殊性的所在。如果是自然人和法人通过设立企业的方式进入特殊市场，必须首先取得行政审批的许可，然后才能去办理企业的登记。以上是一般市场准入和特殊市场准入不同的概念。

　　具体的营利性民办学校市场的准入，它的概念是有关国家和政府准许公民、法人举办营利性学校、从事具有营利性质的教育活动的条件、程序等规则与制度的总称，这个是相对市场准入的概念来设计的。相对于市场准入的分类，营利性民办学校的市场准入属于特殊市场的准入。因为营利性的民办学校或者是营利性的民办教育机构，它具有双重属性。第一个属性，它是具有经济商品的一般属性，第二个属性，它又是进入作为国家公共事业的教育领域，应该体现教育事业属性。所以在具体法律制度建设方面，既要遵循市场规律，也要遵循教育规律。如果遵循市场规律的话，我们应当允许它有经营自主权，比如也可以赋予它具体的法人制度。但是遵循教育制度，就需要这个制度的建构保证要进入教育领域的法人和自然人必须达到一定法律的标准，并且这个机构必须为教师、学生、社会、政府等社会力量的介入提供制度的保障。所以这样一个市场准入，应当比其他领域的市场准入更加严格，所以应当适用特殊市场准入。

其三：营利性民办学校市场准入法律制度的重要性

　　接下来简单说一下营利性民办学校市场准入法律制度的重要性。关于营利性民办学校市场准入的意义有很多，比如教育准公共产品的外部性、教育市场的失灵等，我基于自己的理解，从自己的认识，有了这样几个方面的表述。

　　第一，教育通过市场准入可以实现教育公益性与资本逐利性的调和。目前教育是属于公共事业，一定程度上达成了共识，但是传统上认为，这样一种公益事业需要完全由政府财政对教育市场全部软硬件进行投入。但是面对旺盛的教育需求，政府已经显得力不从心。所以在这样的情况下，国家开始寻求社会力量参与到教育之中，在教育领域引入市场的模式，也就是王老师所说的叫市场公益的行为。所以首先对营利性民办学校认识来说，营利性民办学校或者是民办教育的兴起并不是对教育公益的破坏，一定程度上是以市场的力量对教育事业更好发展的手段和保障。

在民办教育当中，通过市场化的方式来实现对教育公益事业的支持，同时以市场的方式引进营利的机制，可以调动投资主体的办学积极性，同时也满足举办者主体资本逐利的行为。对于资本的逐利性也是需要一定的抑制，这个时候就需要政府履行职能来防范资本的逐利性对教育公益性的侵蚀。所以在民办教育监管过程中，首先应当把公益性作为举办者建构市场领域首要的标准，通过市场准入，设置一定的标准，来保证资本在教育领域对公益性的维护。

第二，可预期性，也是针对欲进入教育市场的自然人和法人而言的。市场准入是一种事前的规制，它的目的是事前的风险防范。通过营利性民办学校市场准入制度的设计，它可以为社会资本进入教育市场提供一个确定性的标准，同时是这样一种具体准入制度的构建，也是国家对营利性民办学校准入资格的一种宣誓。这种宣誓就意味着使得想进入教育市场的社会主体能够对政府行为或者对其他培训机构的性质状况保有一定的合理预期。

第三，实现供求的信息对称。市场准入意味着对营利性民办学校要进行一定的资格审查，市场准入法律制度的设计，要求进入教育市场的主体，必须达到政府所规定的标准。进入这个市场主体当中，是具备了一定的质量和一定的水平，通过这样的方式可以一定程度上缓解供求之间的信息不对称的问题。

第四，维护教育市场秩序。市场准入法律制度是为了市场安全而不是为了限制市场竞争，是为了有序开放而不是为市场的进入设置障碍。营利性民办学校的市场准入制度的设计是为了让社会资本有序进入教育市场领域，促进有序竞争或者是避免过度竞争。

其四：营利性民办学校市场准入法律制度现状及问题

下面是营利性民办学校市场准入法律制度现状以及问题。营利性民办学校市场准入法律制度现状，就法律这个位阶来说，它是一个非常复杂的问题，涉及教育法、高等教育法、民办教育促进法、公司法、破产法、行政许可法这些法律在制度当中的应用。

（一）准入领域

下面结合民办教育促进法关于准入制度的具体规定，逐一把我们已经有关民办教育促进法涉及的市场准入制度进行一个现状的介绍。在准入领域，通过民办教育促进法第 19 条以及管理细则第 2 条第 1 款，都是以负面清单的方式规定了营利性民办学校准入领域。这种负面清单现在正好也是我们当下关于行政审批改革推行的机制，民办教育促进法首先在这个领域实现了负面清单的方式。只要是义务教育之外的其他阶段的各级教育，都可以举办营利性民办学校的。具体来讲有学前教育、高等教育、高中阶段教育和职业教育，非学历培训机构也纳入营利性民办学校的规定。

（二）准入方式

通过前面介绍市场准入制度可知，目前准入方式往往是强制性的，比如说许可、审批，或者是登记，具体在我们国家设计的民办教育促进法的准入方式，是采取一种核准主义，由教育行政部门审批，再到工商部门登记的营利性民办学校的准入方式。具体来说，准入方式会涉及准入领域的规制机构，也就是审批主体是县级以上人民政府的教育部门以及县级以上人民政府的人社部门。登记的时候，经由工商部门来登记。据我理解，这样一种准入方式实现的是一种双重管理的体制。具体来说，作为审批部门，它来审查的是举办者的资格与能力，就是基本条件的问题。具体登记是在我们民办学校分类管理之下，对它进行一个法人资格的确认。在这里我有一些疑惑，在审批主体方面，比如说人民政府教育部门或者是人社部门，应当是一种实质审查。具体到工商登记的时候，因为营利性民办学校是一种企业运作，登记的时候，是要遵循公司法的相关规定，具体到经过审批进入登记环节的时候，工商登记应当尊重前面已有的审批决定进行形式审查，还是需要实质性的审查，所以在这里应当把审批主体跟登记主体具体的权限进行一个合理的界分。

（三）准入条件

准入条件涉及的内容比较多，而且我也觉得准入条件是营利性民办学校准入制度当中最核心的一个内容。准入条件第一个包括举办者的资格条件，因为我们通过社会力量进入教育市场支持社会教育的发展，我们在追求多元化的办学以及多元化的过程当中，也通过市场化的准入制度需要对它的资格进行一定限制。目前来说，民办教育促进法第 10 条对举办者的条件进行了相关的规定。具体分解来看，主要是可以进入教育市场，可以从事营利性民办学校经营的主体，一个是个人，一个是具备法人资格的社会组织。具体个人是有国籍条件、信用条件、政治权利和完全行为能力构成。第二个主体是具备法人资格的社会组织，它排除了合伙企业和个人独资企业。排除了事业单位、社会团体、基金会、社会服务机构等非营利法人，因为非营利法人从章程和运营来说都是一种非营利的运转模式，所以不能以非营利的身份进入营利的形式当中。除了法人资格这一类的限定之外，还有法定代表人相关条件。

除了对举办者进行一定的条件限制以外，就是对具体的准入标准进行详细的规定。这个准入标准是非常复杂的一个内容，也是我在具体探索的过程中，觉得最受挑战的一个内容。因为这个准入标准是国家和政府对社会力量主体的一种宣誓，这种宣誓是一种基本条件的宣誓。国家来宣誓要想设立营利性民办学校最基本的标准是什么，这个标准就是用来判断是不是有办学资格。这些标准的构成非常复杂，它包括来自法律的构成，来自规章标准的规定，还有规范性文件表达的技术标准的相关规范。具体来说，通过现行民办教育促进法及相关政策的规定，现行的制度设计一个主旋律关于准入标准的规定是参照同级同类公办学校的设置标准来执行，这个是我们营利性民办学校所设立的最基本的条件。立法者对这样一个条件的设计，考量是营利性民办学校最低的标准不能低于公立学校的标准，它进一步的目的也是保障教育的均衡化，来保障营利性民办学校应该有更好的教育品质这个理念来设计。但是据我来看，这其实是一个要求比较高的标准。比如说这个是民办教育促进法以及相关管理细则、登记细则对于准入标准基本的规定，比如要具备教育法和其他有关法律的条件。此外一个主旋律是要参照国家同级同类学校的设置。

首先，学前教育明确规定要制定学前教育标准。

其次，再来看一下中等职业教育。中等职业教育也有国家标准，是中等职业学校设置标准，包括了办学规模、学校学历教育、在校学生体育用地、图书馆和阅览室，等等。特别是在具体的场所和用地的具体规定设置当中，用地面积还是很大的，因为我关注实践不太多，不知道在具体申请用地的过程当中，我们是否会出让或者是划拨给这么多的教育用地，所以我认为一定程度上是比较高的标准。除此以外，还有高等教育，在高等教育领域也是有国家标准，第一是《普通本科学校设置暂行规定》，这个暂行规定包括这样几个指标：办学规模、学科与专业、师资队伍、教学科研水平，等等。此外，还有一个《普通高等学校基本办学条件指标（试行）》，这个是 2004 年出台的，它对不同类型的院校也提出了不同的条件指标。

所以总结来看，我们笼统地参照国家设置的同级同类的标准来说，具体的标准可以包括机构标准、人员标准和资金标准，这是我自己的划分。但是每个标准下面会有具体的指标，在机构标准里会有名称的指标，会有场所的指标，会有图书馆的指标。在人员标准里会有教师资格的指标，会有专任教师、兼任教师的指标、师生比，等等。此外，还有一个资金的标准，民办教育促进法对于资金标准没有明确规定，但是可以参见教育法的规定，应当有稳定的教育资金的来源。

（四）准入程序

准入程序主要是规定了两种：一种是筹设，然后再到正式设立。第二种是不经筹设，直接到设立，通过审批材料以后再进行登记。审批和登记的过程中，中间我用了"虚线"的表述，我参考之前非营利性民办学校民办审批的一些流程，其实可能在营利性民办学校办学过程当中会有很大改观。除了在审批的过程中查看前面的准入条件、准入标准之外，不只是获得教育部门的审批，在这里可能会涉及广告部门，因为营利性民办学校是要进行广告的宣传；还会涉及具体的物价部门、消防部门、公安部门等各个领域的许可，所以这里程序的设立非常复杂。

（五）特殊情形

非营利性民办学校向营利性民办学校变更时，也涉及准入的内容。目前是在登记细则第15条和第16条进行了规定，在民办教育促进法也有相关规定，但是民办教育促进法明确规定了是在民办教育促进法正式实施之前的，因为以前全是非营利性民办学校，这些学校选择登记的时候应当遵循什么样的程序，具体从登记细则来看，这个程序还是非常宏观，而且通过登记细则，它由具体省一级人民政府，通过地方规章的形式来为民办学校具体变更登记的类型进行规定。这里主要明确了具体程序，但是程序设计还不是很完善。比如像非营利性民办学校向营利性民办学校变更的时候，应当考虑变更的提出者应当是哪些主体，是股东还是举办者，里面的学生是否可以提出，里面的教师是否可以提出。具体的变更理由，以及具体变更理由通过之后，应该由哪些机构来通过，现有的登记细则都没有涉及这些问题。首先是进行清算，清算之后，关于土地、财产权等要进行重新登记，前面所涉及变更时候的事由、变更的提出者，等等，都是没有细致的规定，我们只能期待地方来通过地方性规章的规定来细化这样一个程序。

（六）市场退出机制

市场退出机制往往是市场准入机制非常重要的部分。市场经济的本质是竞争，有进有退才能保证市场的活力和健康，才能保证最有效地利用社会资源。市场主体的企业停止经营、清理或转让债权债务，关闭机构及其分支机构、丧失独立法人资格的过程，具体到现行的制度设计主要是民办教育促进法第56条，没有"市场退出"的概念，但是我们在法条上采用"终止"这样的表述。终止有三种情形：第一是根据学校章程规定要求终止，并经审批机构批准的，第二是被吊销办学许可证的，第三是因资不抵债无法继续办学的。还有第57条、第58条，在终止之后，首先，应该有一个妥善安置在校学生的义务，其次，在民办学校终止的时候，应当依法进行财务清算。第58条第2款规定，民办学校自己要求终止的，是由民办学校自己来组织清算，但是被吊销许可证，由审批机关组织清算，因资不抵债无法继续办学而被终止，则由人民法院组织清算。所以民办学校退出机制最终还是奉行一种审批主义。虽然根据第56条的规定，只有第1款规定了章程出现了终止情形是由审批机关来批准，但是根据第58条第2款的规定，可以看到民办学校在很少的情形下有自由的退出决定权。所以根据这样一个规定，退出情形可以分为主动终止和被动终止。主动终止就是变更为非营利民办学校。第二是被动终止，一个是违法，一个是经营陷入困境，自行终止与资不抵债终止实行破产终止，吊销许可证实行的是破产终止（法院主导），还有终止审批制度。

终止涉及的问题，第一是清算问题，第二是利益相关人的保护问题。基于教育法的一个角度，可能重点关注的是第二个利益相关人，利益保护问题当中关于学生安置的问题，这个也是曾经有学界讨论的问题。目前，通过刚才法条的展示，民办教育促进法规定了它终止的时候，应当进行学生安置，只有这一个条文的表述。此外，在义务教育阶段，民办的非营利性是可以有行政机关协助。因为现在在义务教育阶段，营利性民办学校是不能进行决断的，所以面对其他领域的营利性民办学校准入或者是退出的时候，是否对审批机关对于学生安置的义务进行规定，到目前没有规定这样的义务。所以关于学生安置程序，也是希望未来具体的实施条例或者是地方立法能加以关注。

刚才这些问题具体总结一下：第一，实行双重管理体制，但是在双重管理体制之中，在具体设立过程当中，它还会涉及其他的主体。在这些主体比如说教育、公安、消防等多元的主体运作的过程中，因为现在没有协调机制，这样一个问题怎么解决？第二，市场准入虽然是国家对市场的一种干涉，但是通过整个制度设计来看，在准入过程当中，外部监督的机制是缺失的，依然体现了一个行政主导的倾向。第三，准入标准没有成体系，市场准入作为营利性民办学校监管的首要环节，在这个环节就应当以教育的公益性作为准入的标准，但是目前通过前面给大家介绍的各类指标，包括机构指标、人员指标，都是比较静态的结构性的指标，这些指标是没有反映教育公益性的指标。说到标准的话，我们往往会有国家标准、地方标准或者是行业标准的体系，在目前这个体系设计当中，这些关系的处理依然没有厘清。第四，特殊机制尚不完善，比如学生安置的问题。

其五：营利性民办学校市场准入法律制度完善之展望

具体来说，针对上面的问题有以下这样一些展望。

第一，确立营利性民办学校市场准入制度的基本原则：公开性、差异性。首先是公开性，营利性民办学校市场准入制度要和非营利性的市场准入制度有一定的区别，但是这种区别怎么样都不破坏其同样是作为市场主体的平等性。其次是差异性，除了义务教育领域以外，其他的教育都可以兴办营利性民办学校，针对不同教育阶段，或者在每个阶段公益性程度不同的标准，应当在市场准入制度设计当中进行一个差异化的处理。

第二，厘清立法权限。首先是民办教育促进法实施条例，其次是地方立法。

第三，建立准入标准体系。标准体系的准则应当把公益性作为标准建构的主旋律，此外，应当建立国家标准、地方标准和行业标准，是否可以形成一个关于营利性民办学校专门的市场准入的标准。

第四，发挥行业协会与中介组织在市场准入过程中的作用。目前依然体现了行政主导的色彩，而且一旦进入市场领域，在市场活跃的主体，除了这些举办者本身，还有一些主体起到沟通企业和政府桥梁的作用，主要是行业协会和中介组织，它也能够在很大程度上发挥满足消费者、信息对称性、对企业进行监督等这样一些作用。

第五，在退出程序机制中完善学生安置程序。保障学生受教育权，保障学生受教育的连续性和保障学生的财产权。

三、与谈人发言

关于准入标准的思考

崔俊杰

现在民办教育促进法是按营利和非营利来进行分类管理的，我们的出发点是要进行结合化的管理，但是在营利和非营利之间我们取了一个非此即彼的模式，强营利性就等于弱公共性，这个思路是应该有的。我们对教育的定位本身是从公共性切入进去的，也就是说我们要打破强营利性就等于弱公共性这样一种思路，换句话我们要进入营利性和公共性双重的维度，在这个维度的基础之上，再去谈我们的营利与非营利之间的差异化的管理。当然前期是我在公共性的前提之下，我们在作营利和非营利的区分，这是教育领域一个非常重要的特点，因为它是一个公共服务，它和医疗都有一些很相似的地方。

谈到准入，一个是一般的市场准入，一个是特别的市场准入，我们但凡在特别市场准入的时候，确实从政府的角度来讲是一种强管制，或者至少从他本意还是有"数量控制"的初衷。"数量控制"未必能够实现，但是我们要想为什么对教育领域进行一种数量控制，我个人的理解，可能是因为我们在作营利和非营利区分之后，非营利是要作一些政策的倾斜，而这种政策的倾斜会花费一些人力物力财力，所以在非营利性这一领域作的数量控制，在营利那一领域可以进来之后再放开，再让市场自由抉择，所以还是有数量控制。我们的教育领域用的是一种"审批＋登记"的办法，而"审批＋登记"的办法仅仅是特别市场准入的方式，另外在别的领域是"审批＋备案"，过去是"审批＋审批"。

谈到准入的话，我们不仅要讨论学校的问题，而且要考虑政府的行为。要考虑政府的教育规划是怎么作的，布局是怎么布局的，资源是怎么配置的，政府更多考量到人数、土地、公立与私立不同的布局，或者入学人数等。如果这样来考虑的话，可能在思考准入的时候，更多还要考虑政府管理这个条件。

关于准入制度的几点思考

李　昕

刚才大家都谈到了一个问题，关于审批的时候，是形式审查还是实质审查的问题，对于工商注册登记大家认为是形式审查，但是对于教育行政主管部门和人社部门的审批认为是实质审查，不知道界定它的时候，承担不同审查的义务，可能意味着相应的法律责任，承担实质性的审查义务。如果尽的是实质审查的话，审查的有误或者是与真实性的问题有出入的情况下，民办学校在退出这一部分，政府要承担相应的对受教育权人的一种保障责任，这种保障责任不仅仅是一个安置的问题，可以说基于受教育权的保障，所有民办教育退出之后，政府都应该承接安置的义务，那么赔偿责任是不承担的。

在这里，我没有一个已经形成定论的结论，但是我在想，为教育行政部门来附加一个实质审查义务的时候，应该考虑到它最终的民事侵权责任的承担问题，否则形式审查责任和实质审查责任是没有区别的。还需要考虑一个问题，教育行政主管部门以现在的人力、物力和能力，它能不能承接实质审查的义务，实质审查可能还包括真实性的审查，如果这么高的审查标准附加给教育行政主管部门，不单纯意味着是一种权力，它更多意味着法律后果承担的风险。

教育部曾经有一个座谈，涉及留学中介机构，留学中介机构推荐学生去国外留学所提供的信息或者是违规欺骗虚假信息导致消费者权益受损，消费者都找到教育部门，因为留学中介机构当时是双重身份，教育部门要进行审批，工商部门进行审批。出现事情以后都找到教育部门，不是让其承担民事赔偿责任，只是把这些问题都摆在教育部门，教育部门觉得自己是不堪重负的，并不愿意去行使这样的权力。可能我们在制度设计和对问题研究的时候，还需要一个科学性的分析，到底应不应该进行实质审查？特别是对于营利性的，我们需要保障消费者有一种受教育权的公共性保障，因为市场本身是有风险的，不是所有的事情都是政府作为最终的保证人。所以在这一点上我还是持不进行实质审查，而是把这种风险通过其他的方式去解决。这是我对形式审查和实质审查提出的一个建议。

另外还有一个规划的问题，还有准入标准的问题，准入标准一定要有标准，但是这个标准需要解决的是，不同的教育行业，不同的地区，它的标准有一个差异性。安丽娜老师谈到这个准入问题的时候，谈到一个差异性的问题，这个差异性和标准本身的制定之间有一个最低的标准，是不是还要有一个弹性的问题？结合到论证方面需要更加紧密一些。

第十一期　民办学校税收规制的现状问题及展望

一、沙龙简介

（一）参加人

主持人：李　昕　首都师范大学法律系教授

主讲人：崔俊杰　首都师范大学法律系助理教授

与谈人：荣利颖　首都师范大学教育学院副教授

　　　　吴园林　中国财政科学研究院研究员

　　　　龚得君　中国政法大学行政法博士后

　　　　刘　侠　北方工业大学助理教授

　　　　何　颖　首都师范大学教育学院助理教授

　　　　果海英　首都师范大学法律系助理教授

　　　　刘兰兰　首都师范大学法律系助理教授

　　　　安丽娜　首都师范大学法律系助理教授

（二）内容概要

税收规制是落实民办学校分类管理的重要手段，也是调节民办学校办学行为的重要杠杆。合理的民办学校税收规制措施，能够对不同性质的民办学校作出区别性的政策对待，能够以税收优惠的宽严向社会表明政府对不同性质民办学校的鼓励和支持的程度，能够引导民办学校进行市场定位，各安其位、各得其所，对民办教育的发展具有激励、促进、导向功能。民办教育促进法修改以后，税收规制既要强化公办学校和民办学校的同等保护，又要相应地在民办学校的营利程度、教育产品属性、办学层次、竞争程度以及学校结构布局等方面进行区别对待，以适应民办学校的发展需求。

二、主讲人发言

民办学校税收规制的现状问题及展望

崔俊杰

为什么我会把选题选成民办学校税收规制，因为我在准备民办学校相应的法律问题时，发现税收是我们民办学校长期以来得不到发展的很重要的原因。因为税收的规制不科学或者不合理、不规范，没有实现法治化，导致民办学校长期以来发展受到限制，所以我聚焦到这部分。但是对于我自己来说，是非常有挑战性的。这个问题毕竟涉及经济法和行政法交叉的问题，很多时候，包括我给硕士生、本科生上课的时候，同学们会问经济法和行政法到底是什么关系，我理解经济法作为一个新兴法律部门，是现在行政法必须面对的事实。这种法律干预对国民经济行政性干预的扩大，是行政权发展样态的表现。所以经济法和行政法有很大的交叉性，但凡有大政府小社会的国家，都容易出现经济法这样的法律现象，尤其像中国这样的国家，我们需要在短时间内振兴与发展经济，经济法作为国家干预经济的法律手段就应运而生了。作为行政法的学者或者作为经济法的学者，我们在看待经济法的时候，无非两个关键，一个是经济，一个是行政，我不想使我自己的学术视野过于狭窄，用相对宽泛的视角看到包括税收在内各种经济法的问题。

关于民办学校税收规制的现状、问题和展望我分享一下我研究的心得。第一，回顾一下有关民办学校的税收规制相关的法律法规、规章，以及规范性文件发展的制度脉络。第二，民办学校税收规制的功能。第三，看一下税收规制在民办学校的现状，主要是目前民办学校涉及的税收的种类以及征税机关等。通过这个现状，要折射出目前民办学校税收规制反映出来的一系列问题。所以，针对上面的问题，反映民办学校税收规制的建议，当然这个建议可能是很不成熟的。

其一：民办学校税收规制的制度脉络

这个话题我进行检索，仅仅把民办学校和税收两个关键词放进去，检索出来的文章不超过 6 篇，可借鉴的东西比较少，我先给大家梳理制度进路。我现在理解从 1999 年开始，财政部国家税务总局发布《事业单位、社会团体、民办非企业单位企业所得税征收管理办法》（现已失效），我们知道国家征收企业所得税，在法律层面是把民办学校作为民办非企业单位看待的，一直以来关于社会团体，事业单位，民办非企业单位应该怎样征税是存在疑虑的。从 1999 年开始，在制定法的层面，至少这个规范性文件明确了，民办学校作为民办非企业单位，它也要缴纳企业所得税，这是法律依据。第二个就是 2003 年的民办教育促进法规定，民办学校享受国家规定的税收优惠政策，会对应税收的功能。民办教育促进法实施以后就发布了教育税收政策的通知，一共对 11 个税别税收开展优惠政策作出了规定，稍后我会讲到。2004 年还有一部非常重要的行政法规，民办教育促进法实施条例，这个实施条例里有一个详细的规定，捐资举办的民办学校和出资人不要求取得合理回报的民办学校，依法享受与公办学校享受的税收优惠。上一次我们讲民办教育促进法最早用的是合理回报这个概念，这个概念不是太清晰，但是在 2004 年这个条例当中，我们把它适当地作为区分看来，不主张合理回报就享受优惠政策，主张合理回报另行制定政策。2009 年发布了《财政部、国家税务总局关于非营利组织免税资格认定管理有关问题的通知》（现已失效），可以看出我们对民办学校的性质和法律属性发生转变，过去谈的是合理回报和不要求取得合理回报，到这里虽然法规没有修改，比如慈善法和民办教育促进法的酝酿。这个过程当中已经有了非营利组织这个概念，在税务总局发布的文件里有一个《财政部、国家税务总局关于非营利组织企业所得税免税收入问题的通知》，首先要对非营利组织进行认定，确定非营利组织具有免税资格，再

进行免税通知。2010 年制定了《国家中长期教育改革和发展规划纲要
（2010—2020 年)》，"制定完善促进民办教育发展的优惠政策"，当时包括税
收优惠政策。2016 年新的民办教育促进法第 47 条规定，民办学校享受国家
规定的税收优惠政策，其中非营利民办学校与公办学校享受同等的优惠政
策，那么营利性的民办学校基本上作为一个企业运作，正常的征收企业所得
税。2017 年民法总则从法律层面上第一次规定了营利法人和非营利法人两个
概念，最早明确非营利组织是慈善法，慈善法是早于民办教育促进法的修
订，它是第一次明确了非营利法人。最后讲的是 2017 年《国务院关于鼓励
社会力量兴办教育促进民办教育健康发展的若干意见》，也是对民办教育的
发展有一些方向性的建议。

其二：民办学校税收规制的功能

接下来讲一下民办学校税收规制的功能。一般认为，税收具有三种职
能：第一，筹集国家财政收入作为税收最基本、最核心的职能，国家凭借
政权，利用强制力，运用税收从国民收入当中提取一部分纯收入，保障国
民经济的再生产。第二，税收还有一种经济的职能，主要体现在税收筹集
国家收入的同时，调节社会资源在不同经济成分、不同地区和单位的分
配，实现经济发展的目标，涉及社会的再分配问题。第三，税收还有监督
的职能，因为税收分配涉及生产流通和分配各个环节，比较灵敏地反映国
民经济的发展趋势，并以有效的措施促进社会生产的正常运行。我们是从
一般意义上来讲税收具有这三种功能。但是在民办学校上，税收主要体现
在经济职能和监督职能，概括为四个方面：第一是激励的功能。民办学校
和公办学校最大的区别是资金来源的区别，民办学校需要自己筹措资金，
需要自己融资，而从我国实际情况来看，我国民办学校的一大部分资金来
自企业的投资和个人的捐赠。税收的作用就是通过税收的调节，来激励民
间资本乐于投资教育，这是它一个很重要的职能。第二就是促进的职能，
简单讲就是促进民办教育的发展。具体来说，包括通过税收的措施，要营
造有利于民办教育发展的制度环境，第一个和第二个应该是递进的关系。
第三是导向性的功能，这个功能必须要提到两个概念：一个是平等，另一

个是分类。所谓平等，就是要通过税收的调节作用，既要营造公办学校和民办学校同等的法律保护，另一方面也要通过税收的调节，来保证我们民办教育促进法修改以后强调的落实民办教育的精细化的规范化管理，所以税收应该是引导民办学校发展分类发展和政府管理的需要。第四是调节的职能，税收作为一个手段，应把公益性作为教育的首要目标，这是民办学校税收规制的功能。

其三：我国民办学校税收规制的现状

首先看主体，1994 年分税制改革以后，改革以前是中国税务，改革以后就有了国税和地税，过去主要是地税来征的，之后是国税，主要征收增值税。其次，除了增值税以外，由地税征收的一系列税种，现在还由地税征收，除此之外，还有一部分关税，主要是民办学校需要对外引进一些仪器和教材，这时候有海关入关的费用。所以是国税、地税、海关三家来征税的，核心就是国税和地税两家，一共是 11 个类别的税种。第一个是营业税，营业税我刚才讲了，2016 年 36 号文以后，我们全面推开营改增，营业税的税种以后会逐步地消亡，它会变成增值税，所以第二个就是增值税的有关问题。第三个是所得税，主要是指企业所得税。房产税，主要是指民办学校所使用的房产税收的费用。城镇土地使用税，因为民办学校占用了一部分土地，会对使用土地的行为进行征税。印花税，主要是指财产所有人将财产赠给学校所立的书具的印花税。耕地占用税、契税、农业税，我国农业税已经取消了。农业特产税，也是比较小众的，还有关税。这 11 类税收里最重要的就是前面两项，增值税和所得税，后面这些基本上没有什么法律争议，而法律对于它的免税和抵扣规定得也比较清晰。所以在这个地方，我重点要分析的是增值税和所得税的问题。

讲到增值税和所得税的问题，现状主要是应纳税的项目、减免和抵扣，我跟大家讲一下什么是增值税和所得税，尽可能简单一些，不一定非常准确。按照马克思资本论的说法，商品价值是由三个部分构成，公式表示是 C + V + M，C 是生产资料价值，V 是劳动价值，M 是剩余价值，剩余价值可以理解为利润，增值税的税基是对于增值的部分征税，哪些部分出现了增值，劳动的价值会有增值，利润显然是增值的，所以这两个部分是增值的部分，前面的生产资料价值，就是我们在计算增值税应纳税时候应该扣除的。企业所得税，简单讲就是利润，当然这个说法可能不是太确切，因为企业有很多种所得，我不能对所有的所得都征税，必须要扣除成本，扣除完了以后的利润进行征税，也就是说，你会发现增值税和企业所得税之间有交叉重复的地方，就是 M 利润，但是它也不是完全对等的，如果完全对等就是重复征税了。还有一个讲法，所得税是直接税，增值税是间接税，所得税是直接对企业进行征税，企业产出一个产品，我直接对企业征税，对象是企业。而增值税是间接税，是对企业产生的产品征税，间接税是由消费者承担，当然我们国家增值税一般不允许商家对于个人直接开征用发票，所以体现得不是很明显，但是原理上来讲，所得税就是直接对企业征税，增值税是对产品征税。

我们看民办学校，民办学校涉及增值税的项目是教育服务，通过对教育服务进行收税，这个教育服务过去的体现是征收营业税，营改增以后征收增值税，对于学历教育免征增值税，但是不是所有的学历教育都免征增值税？什么是教育服务，是指提供学历教育服务，非学历教育服务，教育辅助服务的业务活动。学历教育服务是指根据教育行政管理部门确定或者认可的招生和教学计划组织教学，并颁发相应学历证书的业务活动，包括初等教育、高等教育等，我们现在拿到的学历证书就是学历教育，所以学历教育的形式要件就是看能不能颁发一个由教育行政主管部门确定和认可的证书，这个比较好理解。非学历教育服务，学前教育不发证书，培训不发证书。非学历教育服务包括学前教育、各类培训、演讲等。

按照营改增的政策规定，从事学历教育的学校提供的教育服务免征增值税，但从事学历教育的学校取得的收入也并非全部（或绝对）免征增值税，具体来说，应注意以下事项：（1）该学校是经批准从事学历教育的教育机构，上述学校均包括符合规定的从事学历教育的民办学校，但不包括职业培训机构等国家不承认学历的教育机构；（2）受教育者能获得国家承认的学历证书；（3）取得符合提供教育服务免征增值税条件的收入，这部分特别难理解，指的是对列入规定招生计划的在籍学生提供学历教育服务取得的收入，具体包括：经有关部门审核批准并按规定标准收取的学费、住宿费、课本费、作业本费、考试报名费收入，以及依照《学校食堂与学生集体用餐卫生管理规定》管理的学校食堂提供餐饮服务取得的伙食费收入。这里有一个定语，没有有关部门批准并按照规定收取的这一系列费用，是不能计入免征增值税的内容的。

财政部和税务总局规定，一般纳税人适用6%，小规模纳税人是3%，有一个应纳税额＝含税销售额÷（1＋征收率）×征收率。税收优惠：政府举办的从事学历教育的高等、中等和初等学校（不含下属单位），举办进修班、培训班取得的全部归该学校所有的收入免征增值税。全部归该学校所有是指举办进修班、培训班取得的全部收入进入该学校统一账户，并纳入预算全额上缴财政专户管理，同时由该学校对有关票据进行统一管理和开具。这个要件卡得也是比较严，稍后还会说这个问题。

所得税指民办学校主营收入、营业外收入等收入总额减除不征税收入、免税收入、法定扣除项目和前一年度亏损后的余额。如果没有专门的针对民办教育的优惠政策规定，就按企业所得税相关规定正常征收。企业所得税是税种中最为复杂的税种，有主营收入（如学费）和含营业外收入（如出资收入、捐赠等）。实践中各种扣除项目的合理性和随意性是问题所在。刚才看了很多文件，所有的抵扣都是财政部和税务总局两家通过规范性文件形式随意发下来的，按照立法法来说，立法法第8条规定，税收属于国家保留的立法事项，即使按照现在的说法，也不应该是财政部和税务总局两家发的文件下来，至少应通过国务院常务会议，以国务院的命令发下来。包括汽油涨价，说涨就涨，它存在随意性的问题。

刚才讲所得税是对利润进行纳税，有些要抵扣，税务总局就规定，学校免征企业所得税是下列项目：（1）财政拨款。（2）国务院财政部批准设立和收取，并纳入财政预算管理或财政预算外资金专户管理的政府性基金、资金、附加收入等。（3）经国务院、省级人民政府（不包括计划单列市）批准，并纳入财政预算管理或财政预算外资金专户管理的行政事业型收入。（4）经财政部核准不上交财政专户管理的预算外资金。（5）社会各界的捐赠收入。五个免征企业所得税的项目，只有第五个，基本上和民办学校有关，前面四个都和财政有关。

其四：民办学校税收规制的建议

我简单说一下建议。一是明确民办学校税收规制的价值倾向性，任何一个税收要调节，一定有价值倾向性，和它所调整的对象法律属性连接在一块。我国指出实行非营利性和营利性分类管理，实施差别化扶持政策，积极引导社会力量举办非营利性民办学校。坚持教育的公益性属性，无论是非营利性民办学校还是营利性民办学校都要始终把社会效益放在第一位。换句话说，公共利益和资本的营利性不是二元的，二者有可能统和，这是以公益性为前提，所以如果以公益性为前提，必须处理量方面的问题，第一处理好和公办学校平等对待的问题，这是民办学校发展的措施。另外，要实现民办学校内部的税收的分类精细化管理，通过税收的分类精细化管理来实现精细化的调节，以鼓励民办学校发展，这是一个价值倾向性的问题。二是统一相关的标准，主要对于增值税和所得税的抵扣，虽然目前政策规定了，是要对学校进行优惠，进行抵扣，但是在把握的时候设置了一些调整，比如财政专户资金，这不利于民办学校发展，需要统和处理。三是细化税收征收的优惠政策，与实践对接，刚才讲到，就是没有考虑到民办学校投资意愿的多元性，没有考虑到民办学校融资方式的多元性。从税收方式来说，税收优惠政策应考虑以下几个因素，第一个考虑民办学校的营利程度，如果是营利的，按照企业所得税进行征税，如果是非营利的，就类同公办学校征税，营利的程度有大和小的区别，有的学校营利比较多可以多征税，对营利比较少的可以少征税。第二个就是考虑教育产品的属性，即考虑它到底是学历教育还是非学历教育，应区别对待。第三个考虑办学层次，办的是幼儿园、小学、中学还是大学，因为不同的办学，在教育的意义是不一样的，尤其是对于中小学的教育，它有一个国民教育的问题，到了大学以后，收入比中小学更高，这也要通过不同的税收加以优化。有的地方民办学校竞争很激烈，有的地方民办学校要鼓励发展，对竞争激烈的地区，通过地税的调节，适当控制它的量，这不是总量控制。反过来，如果竞争不太充分，需要民办学校充分竞争的地方，我们可以把税收适当降低一些，还要考虑到学校的结构布局，这个问题主要是政府的问题，因为结构布局也是政府需要引导的。政府引导一方面是行政手段的引导，另一方面是经济手段的引导，而税收是经济手段引导的重要方式。

三、与谈人发言

关于民办学校税收优惠政策的几点思考

吴园林

刚才听了俊杰的报告以后收获很多，主要谈两点感受。

第一，我本身不是学税法的，也不是做税收的，大家是不是觉得财税不分家，我研究更多的是财政方面的，它跟税收实际上在财政学的二级学科之下有细分，但是毕竟在财税所待的时间长一点，差不多能够区分出来税收的一些基本特征，包括它的属性。

我阅读了关于民办教育优惠的种种政策性文件以后有一个感觉，我们国家对民办教育税收规制划分了一个标准，除了营利和非营利比较明显的特征之外，实际上有一个核心就是学历教育，老师们都看到了这个规定。学历教育它作为一个标准区分了以下三个层次：其一，它区分了公办教育和民办教育，公办教育和民办教育，因为有义务教育的概念，就非常容易区分，这个比较简单。其二，就是民办教育内部的区分，分为营利性民办学校和非营利性民办学校，而实际上我们可以看到，根据民办教育促进法、民办教育促进法实施条例，所谓的非营利性民办学校，它往往是以国家的认可作为基础的，仍然是做学历教育的学校。举个例子，我知道以前河南黄河科技学院，它是一所民办学校，也不以营利为目的，但是学历是国家承认的。许许多多这样的例子说明，所有的非营利性民办学校，实际上它的学历是被认可的，而一些营利的，比如培训组织，在里面受教育就是培训，这是国家不认可的，最终就是一个培训的过程而已，这是用学历教育可以区分出民办学校的营利性和非营利性。其三，区分了在营利性民办学校中间的一些最基础的教育设施。2004 年和 2006 年两个文件，关于营利性民办学校中间有一些税收的优惠，主要是针对于基础教育的，其他不用来做基础教育的附属性的设施和服务是要收费的，所以把握好学历教育，对我们对民办学校的优惠政策的解读是非常重要的。

第二，关于地方出台民办学校税收优惠措施，现在有民办教育促进法，有民办教育促进法实施条例，还有财政部、国家税务总局，包括国务院出台的各种意见、通知。我们知道，营改增对地方税的影响非常大，原来营改增之前营业税是地方税体系中的第一大税，这占地方收入很大的比例，但是 2016 年 5 月 1 日营改增以后，所有企业应该缴纳的增值税，中央分销 50%，地方分销 50%，本身意味着，地方税收里只能拿到一半的钱。地方的财政收入不断地在减少，这种情况下不可能要求地方出台大量的普遍的优惠措施。

关于民办学校税收规制的几点建议

刘　侠

第一，从宏观上来说，民办学校，我们国家从无到有发展了这么多年，它的地位是从补充的地位，逐渐发展成为主要的组成部分。目前国家对于民办教育的管理方针，共 16 字，"积极鼓励、大力支持、正确引导、依法管理"。在这个大方针的体系下，民办学校的税收规制应该放到分类管理这个制度里看，要分营利性和非营利性，按照以下三点做：其一，是现行的非营利性组织认定的规则，以此为依据。其二，是以民办学校办学投入所形成的产权的属性，以此为基础。其三，是以我国目前民办教育发展的现状为落脚点，以此作一个制度设计，在这个制度设计下，刚才崔老师说了价值导向，差异化的扶持政策，倡导对于非营利性学校的鼓励支持，基本上是这个导向。从这个导向来看，民办学校和公办学校要求同等的法律地位，但是具体是什么，有什么标准和原则，这个是需要明确的。

第二，在民办学校内部，营利性和非营利性，目前的价值导向下，非营利性的民办学校基本上问题不是很大，我个人感觉主要是集中在营利性学校，涉及税种的问题。对于非营利性的学校来说，办学目的都是培养社会主义的人才，只不过资金的管理方式不一样。

第三，就是民办学校现存的税收问题。一个问题，因为民办学校的法人属性模糊不清。比如民法典总则编，界定了营利性和非营利性二分法，目前对于营利性的民办学校，包括会计制度的适用，因为有不同的适用规则，国家有规定，但是民办学校具体适用是有区别的。再一个就是税收的征收优惠涉及多部门，是一个协同的问题，既然涉及多部门协同，肯定有不同的利益主体，比如说教育管理部门，它在税收征收的时候，着眼点是投资者或举办者的动机，要求营利还是非营利，关注这点比较重要。对于财税部门，它关注的是我提供相关的税收优惠政策以后，能不能做到有法可依，法律有没有这样的规定，如果是没有这方面的规定怎么办，是从有法可依的角度来讲的。投资者考虑的是，我投进去的钱能不能收回来。所以不同的利益主体关注点不一样，在制定税收优惠政策的时候就要有不同的考量，标准不一样。再一个问题对于非营利性和营利性的民办学校，它相对于非营利学校享受的税收优惠不一样。非营利的很优惠。比如按照现在实际的登记管理办法，假如说你从事营利性，你在学校运营期间，增值税，企业所得税，房产税是要交一大笔钱，这对目前的营利性运转的话可能承受不了，这方面的税收怎么办，这是一个现实的问题，这是目前在营利性学校里存在的问题。对策办法就是要有一个长期稳定的、权威性的财税统一的政策体系，是稳定的。一个是中央政府和地方政府，关于财税的权力是不是应该明确，比如中央政府制定属于宏观的、原则性的规定，地方政府根据实际情况，制定一些细化的东西，比如标准、动机、学位层次，等等。

第四，出台一些关于民办学校结构性的减税改革方案，明确界定民办教育减免税的对象，包括作为供给主体的营利性和非营利性的民办学校。比如学生和家庭，还有民间资本的捐赠资金是怎样的，针对特定的群体有选择性地进行税负调整，对于公益性的教育产品和服务性的，要突出支持作用。最后就是设立一些非常细化的，关于营利和非营利的差异化的税收原则，比如说对于营利性学校实行优于一般的商业组织的税负标准。

第五，最新的办法出来以后，它涉及存量和增量的问题。对于既有的学校，涉及资产来源复杂，有一些历史性遗留问题，包括捐资和投资者，这时候要慎重考虑存量资产的税收征收方式以及相应的补偿措施，这是我的一些观点。

关于民办教育税收特别措施安排的思考角度

果海英

税收在传统上主要是产生收入，取得财政收入的问题。但是随着社会发展，税收政策性目的越来越被人重视，一般政府对这个特别重视，所以税收在经济、社会、文化政策中发挥了一定的职能，出现了各种与直接财政收入相悖的优惠措施，所以这个研究还是挺有意义的，而且可以作得特别细。作为民办学校的特别措施，从税法解释学上研究，税法解释学就是研究如何针对民办教育的具体问题制定税法政策，以及对税法条文在实践中如何运用的问题进行研究，就是解决民办教育税收规制是什么问题，为相关的法律提供理论方法和支持，这个问题也可以从其他的角度研究。比如说，可以研究民办教育税收规制的特别安排，历史发展演进的情况，税收特别措施对民办教育的发展，可以对这个问题进行系统的阐释和探讨。可以明白相关的税收特别措施是怎么来的，实际上可以为现行的税法的制度设计提供一些借鉴，因为刚才一些老师在说这个问题。从相关的历史演进来看，肯定也会面临这个问题，如何解决这个问题，我们国家自己面临这个问题的时候该如何解决会提供一些经验教训，提供一些可借鉴的措施。

另外，可以作一些基础的理论研究，关于民办教育促进的税收规制，或者是税收特别措施安排的问题，可以作理论研究，从税收法理学的角度探讨有关的问题。作为民办学校的税收特别措施，特别是税收优惠这部分，它是创设了一种税收的特权，通过这个特权的创设违背了它的正当性和合法性，可以对这些问题进行研究。对于存在的基础性问题探讨，可以解决为什么有这些措施，可以总结出相关的原则和原理，为相应的税收立法和税收的解释提供指南。

分类管理基础上的民办学校税收制度

荣利颖

感谢崔老师作的精彩的报告，今天听了很多的报告，我认真在听，因为我是教育学院的老师，我只能从教育学的角度说一下自己学习的体会。

像刚才各位老师讲的，主要是从营利性和非营利性的角度进行划分和分类管理，但是从长远来看，民办学校如果想要实现做大做强的理想，还是应该抛弃营利性的驱动，长期要做强做大，还是要往非营利性转换。

美国政府对于非营利性和营利性私立学校也都采取不同的税收政策，像非营利性私立学校可以免交物业税、所得税，可以享受和公办学校一样的政策，可以申请社会捐赠，社会团体和个人对非营利性学校的捐赠和资助，政府还可以免征其增值税和营业税。对于营利性学校的资助享受不到任何的优惠政策，私立学校办学时不仅要到教育部门备案，也需要到工商税务部门审批。税务部门让非营利性私立学校填的是免税单，营利性学校填的是交税单，这是完全不同的分税管理。日本的情况差不多，也是以营利和非营利划分的，但是日本和美国不一样，日本非营利性学校叫私立学校，营利性的学校一般不能叫私立学校，而叫学园，非营利性学校可以实行地方税收和国家税收的减免，比如法人税免除、存款利息和股票所得税收入免税、继承税、赠与税免税。地方税收，就是非收益事业的免税、居民税，用于教育方面的不动产的收入也是免税的等，大概有七种国家税收的免税，七种地方税收的免税，营利性学校法人设立的教育机构不能叫私立学校，只能叫学园，它们所谓是教育产业的主体，但是它们是受商法调整的，不受学校法，所以跟公司是完全一样的。

除了国外的情况，我们在调研的过程中也有一些情况值得研究。我们去深圳，深圳市政府思路比较活，当地的孩子去民办学校上学，政府的经费也拨给民办学校，解决公立学校招生紧张的情况，纯粹的民办学校也是从政府拨款的。所以这和国外不一样，它们是私立学校完全不可以从政府接收任何拨款的，我们其实是可以的。

另外，我补充一下美国教育方面的情况。最典型的是营利性私立学校，整体框架都是按照公司走的，在择校运动之下，美国很多州都有学费抵税的做法。根据相关的政策规定，每个州有相应的政策，企业或者个人可以捐款给非营利性的叫作奖学金组织或者学费组织，这是一类 NGO 组织，这类组织给选择私立学校的学生提供奖学金或者是相应的学费，不管你选择的私立学校是营利性还是非营利性的都提供。这样的学费捐赠可以抵掉捐赠人的个人所得税，这笔钱有一部分还是用来支持营利性的私立学校。另外，伊利诺斯州和科罗拉多州也是免征不动产税的，这是基础教育，高等教育我不太清楚。私立学校提供很典型具有公共学校的服务，比如校车服务和午餐的服务，好像是部分免税的，具体的免税情况我没有看细节，这是我研究美国择校时候了解的资料。

关于在分类管理基础上民办学校的税收制度设计的思考

安丽娜

关于民办教育的法律问题在我梳理的时候也关注到了税收规制的问题，当我试图进入这个领域的时候，发现特别难，所以就退步了，所以今天特别感谢崔俊杰老师带给我们这样的学习。

在崔老师的讲解过程中作一小点补充，因为我觉得他没有太多侧重于分类之后怎么进行税收优惠。关于非营利性民办学校基本税收政策相对是稳定的，现在涉及营利性民办教育有没有争取税收优惠的空间，如果不严格按税收法定的追求，我们现行的政策导向还是可以给予一定的支持，比如《国务院关于鼓励社会力量兴办教育促进民办教育健康发展的若干意见》第6条，明确规定各地人民政府可以根据经济社会发展和公共社会需求，通过购买服务对营利性民办学校给予支持，第 14 条规定落实税费优惠激励政策，民办学校按照国家有关规定享受相关优惠政策，对企业办的各类学校，幼儿园自用的房产土地免征房产税、土地使用税，所以无论是对营利性还是非营利性的都有相应的支持，这是它的政策空间。但是在具体问题上，我们从民办教育促进法来说，一个原则性的表述，看不出来对营利性民办学校进行具体的税收支持。但是，通过之前我们在开展民办教育分类管理试点当中，温州有一个重要的手段，就是创新对民办教育的优惠扶持方式。在税收这部分对营利性民办学校提供学历教育劳务所得的收入，五年内免征营业税，因为当时还没有营改增，所以这就涉及税收的政策，税收优惠政策有哪些可以有免税，可以有减税，这里应用到的是返还的税收优惠政策。

此外，也是看到一些观点，营利性民办学校因为肩负着教育事业的公益事业的运转，不是单纯地像企业本身经营的问题，所以有的学者提出，针对营利性民办学校是不是可以直接规定一个低税率，就像我们扶持高新企业发展的税率，对于高新企业按 15% 的税率进行征收，这个也可作为目前营利性民办学校的参考。总体上来说，目前的空间就是政策支持的空间，还有优惠的税率、优惠的过渡期，参照温州的这个做法，在其成立之后一年内或者三年内免征一部分的税，再过渡到运转稳定的时候开始逐步地征税。

第十二期　美国教育财政诉讼的
起因、概况及其影响

一、沙龙简介

（一）参加人

主持人：李　昕　首都师范大学法律系教授
主讲人：叶阳永　中国政法大学人权法研究中心助理教授
与谈人：石新中　首都师范大学学报编辑部教授
　　　　张　绘　中国财政科学院副研究员
　　　　吴园林　中国财政科学院研究员
　　　　荣丽颖　首都师范大学教育政策与法律研究院副教授
　　　　周　详　中国人民大学教育学院助理教授
　　　　刘兰兰　首都师范大学法律系助理教授
　　　　安丽娜　首都师范大学法律系助理教授
　　　　崔俊杰　首都师范大学法律系助理教授

（二）内容概要

社会财富的不均衡分布必然带来教育资源的不均衡分布。如何保障教育的均衡发展对于任何一个国家来说都是充满争议与博弈的过程，美国也不另外。其中，教育财政诉讼则集中地反映了美国穷人与富人、州政府与地方政府、立法机关与司法机关围绕教育均衡发展而展开的持久的博弈过程。本文将围绕以下问题展开：其一，教育财政诉讼为何发生？内容包括美国公立学校财政保障机制及发展过程；其二，教育财政诉讼的概况，内容包括教育财政诉讼发生的范围、频次、判决结果及其理由；其三，教育财政诉讼的影响，内容涉及政府财政拨款机制与税制的改革，以及其对教育投入公平性与充足性的影响。

二、主讲人发言

美国教育财政诉讼的起因、概况及其影响

叶阳永

讲到美国教育财政诉讼，它跨了三个学科，教育、财政、诉讼。首先，今天跟大家汇报一下这几个方面的内容：一是美国的财政诉讼一些基本的背景知识。二是美国公立学校财政分担体制，这是财政诉讼展开的制度背景。三是教育财政诉讼的概况，包括教育财政诉讼是什么样的诉讼，缘由是什么，在美国发生的范围和频次怎么样。

其一：美国的财政诉讼背景知识介绍

教育财政诉讼属于违宪审查的范畴，大家可能知道，它是属于违反宪法的一种救济程序。因为它是州政府违反宪法，权利受损者进而起诉的诉讼，首先介绍一下宪法的背景。对于美国教育，在联邦宪法上是没有规定的，所以它最后都是州宪法的责任。州宪法里有两个条款，和我们今天讨论的教育财政诉讼有关，一个是教育条款，另外就是州宪法里的平等保护条款，这个平等保护条款，联邦政府也有。

我们举个例子，加利福尼亚州的宪法规定，州议会要采取合适的手段来促进知识、科学、道德、农业的发展，大家可以看到，这是一个非常一般化的描述。这句话意味着整个公立系统保障的主体是州议会。Kentucky是这个州的立法机关，要以合适的立法提供有效率的公共教育系统在全

州。而新泽西州是这样规定的，提供一个充分的，有效率的免费的公共教育，这就是属于州宪法的教育条款。另外，在美国联邦政府，州政府是沿袭联邦政府的规定，平等保护条款，我们关注的就是最后一句话，任何州都不能够剥夺或者否认公民的平等保护的权利，就是这样一个很一般化的表达，而美国各个州也沿袭了这样的条款。

美国和我国不同，它是独立于市和县的，不像我们国家的教育局或教育厅，属于行政部门的组成部分，它是自运营的组织，它有它的决策机关，就是学区委员会，有执行机关，比如学监，它是自运营的主体，包括管理，包括财权都是独立于县和市的，这是一个非常大的特点。另外，美国绝大多数学区在物理空间上独立于市和县。比如，有些县有几个学区，有很多县共用一个学区，就是这个边界，物理的边界，地理上的边界不重合，我刚才说的是绝大多数，但其中有两个州县和市是重合的，大部分是不重合的。还有一个显著特征，就是它有很大的财政自主权，很关键的就是税收的权力，它可以自己设定税率，这个在我们国家无法想象，作为一个底层的政府自己可以设置税率，前几天我们讨论税率是法律保留的条款，这是一个背景。而且每年教育的预算的表决机关，最终的决定机关是这个学区，还有一些特殊的情况，美国有两个州表决程序特别原始，属于直接民主，它是全体的社员共同投票，不是代议制，不是由学区投票的，这也是比较特殊的情况。这是两个背景信息。

其二：美国的公立学校系统财政保障机制

下面介绍一下美国的公立学校系统财政保障机制。一般财政的保障机制基本回答两个关键的问题，一个是教育的钱在各级政府之间如何分担，各占多少比例，这是一个关键问题；另外一个问题就是上级政府如何分钱，这两个简单问题，分开介绍。第一个问题，各级政府各自承担多大比例，这是全国的情况，美国全国的情况是48%是由州政府承担，43.5%由学区，联邦政府占8%的比例，基本上可以忽略，它是补助的决策，主体就是州和各个学区。这里还想介绍一下每级政府的财政来源，比如各个学区，基本上80%或90%以上有差异，州政府的钱从哪来，两个方面，一个是一般意义上的收入，还有就是专项财政收入，就是专门的税种。联邦政府是一般性财政收入，这是全国的情况，其实在美国州与州之间的差异特别大，从 20%~80% 都有。现在我们国家也在讨论，到底我们的义务教育经费是以县为主还是以省为主，涉及这样的责任主体上移的问题，但是在美国，它多种形式都是存在的。为什么产生这样的问题？主要是和它的税制相关，因为如果你的州政府税权很大，承担比例就高，如果州政府税权很小的话，承担的比例就小，所以和税制是息息相关的。

义务教育经费的保障机制是在州里，因为各个州经济发展水平不一样，所以州与州之间的差异非常巨大，一些比较贫穷的州，基本上六七千元，比较富裕的州，新泽西州、纽约州等就是一万六千元，所以州与州之间的差距是比较大的。而且这个问题在美国基本上是无解的，因为联邦政府没有统筹权，在我们国家一定程度上中央政府可以转移支付，但是美国联邦政府根本没有这个权力，所以大家也会探讨，但是基本上无解。

从 20 世纪 70 年代到现在，财政的义务教育保障责任在不同政府之间分担，随着时代变化而变化。20 世纪 20 年代的时候，80% 以上的经费责任都是在学区，这和我们国家特别相像，我们国家在分税制改革前，农村的义务教育经费的承担主体主要是乡和村，后来以县为主，省级政府加大投资，中央政府也开始转移支付等等，和美国差不多，也就是从学区开始的。从 30 年代到 40 年代，有一个直线的上升，符合当时的大的背景，以前就是自由式的发展，政府要加大它在公共服务领域的供给的责任。一直到 70 年代以后，州政府的责任又出现保持稳定的状态，70 年代到 90 年代有 7% 到 8% 的增加，这就是要讨论的美国教育财政诉讼发生的阶段在很大程度上是教育财政诉讼的结果，是教育财政诉讼在背后推动的结果。之后大家可以看到，州和学区之间基本上是 1∶1 的状态。

现在讲第二个问题，就是上级政府的钱如何分配。美国主要就是州的钱如何分给学区，这里基本有四种方式，第一种 flat grant，就是按人头，最原始的，看各州有多少学龄学生，按人头，每个都一样，这种方式只有一个州在实施，就是北卡，因为这个方式饱受批判，因为对公平没有太大的促进效率，更多的是要差别对待的。第二种就是 Full state funding，只有夏威夷使用这种方式。第三种是 Foundation program，F 代表达到最低教育水平，每个学生花多少钱。B 是税基，就是这个学区有多少资产，R 是这个学区自己决定的纳税的税率，税基×税率是税收收入，减去 R，如果是正值，州政府就给钱；如果是负值，州政府就不给钱。这里强调一点，州政府有一个设定的最低限，比如特别穷的学区，如果不设最低限一分不收，州政府都要给，所以会设定一个最低限。第四种是 Power equalization program，它产生了这样的效应，就是学区多收钱我就多给钱，你自己愿意在教育上多投一点，我就多给一点，就是这样的效果。第三种模式是没有这样的激励效应的，学区还有逃避责任的倾向。第三种模式现在有 40 多个州在使用，第四种模式有一段时间有一二十个州在使用，现在基本上三个州，还有几个州混合使用。

其三：美国的公立学校教育财政诉讼成因及现状

回答我们今天教育财政诉讼的第一个核心问题，就是教育财政诉讼为何会发生，很关键的一个原因，某种程度上也是唯一的原因，就是过于依赖于地方，过于依赖于地方资产税，这会产生三个问题，如果地方资产非常少的话，它的投入就严重不足，这是第一个问题。第二个问题，就是学区与学区之间的不平等，因为整个资产不够。第三个问题，就是税收的不平等，如果想收相同的钱，税基越小税率越高，所以说穷人要交纳更高的税获得更少的税收收入，也就是说税收上不平等，税收一般平等的话税率应该平等，资产税全州都应该是平等的，如果过度依赖于地方，导致地方的资产税是不平等的。恰恰相反，而且是逆向的不平等，一样没有达到，相反穷人交纳更高的税，就会产生了三个严重的问题。受到影响的地方是贫困的学区，资产比较少的学区，这就导致了所谓的教育财政诉讼。刚才我们大家已经看到了，一个很重要的背景，就是公立学校系统财政保障责任的主体，从宪法上讲是议会，是州，现在是我的学区在承担大部分，所以说这些学区就不满、不服，就寻求这种司法的救济。这里面它们很重要的诉求，就是州政府违宪，尤其是议会或者州长违反宪法，所以财政诉讼就是这样一个官司。它的诉讼这里介绍一下，原告主要是学区、家长和学生，被告主要是州长、州教育部部长和议会，一会儿看一些案例的名称，有各种名字，要么是州长的名字，要么是教育部长的名字，要么是议长的名字，这些都是次要的，真正的被告是立法机关，是州议会，因为刚才介绍的各种财政体制，它最终是议会创造出来的，所以告的话是议会，州长和教育部长只是议会的代名词。主要的诉讼就是寻求更多的教育资源，更公平的教育资源。

下面是一个统计，从 1970 年到 2009 年这种诉讼有 125 个，在 45 个州发生，25 个学区没有提起这样的诉讼，有 25 个州原告赢了，贫困的学区赢了。从 1970 年到 1990 年平均每年一到两个，1990 年之后有增加，1994 年、1995 年每年有 7 个，最后有下降，再有上升，红色是累积的曲线。这里我想表明一个问题，就是财政诉讼是一个漫长的过程，这是每个官司打的时间长度，案子至少打三年，有两个案子打了七年，这就相当于一个集体诉讼，涉及的影响面非常大。

刚才从整体上，从案子发生的情况，以及它的范围和频次作了介绍，下面举几个例子，涉及具体的案情。第一个案子，加州的 Serrano V Priest 案，Serrano 是一个学生，他认为加州当时过于依赖于地方的资产税的政策，导致了他产生申请经费的不平等和税制的不平等，这是他的理由。于是寻求司法救济，因为它是违宪审查，美国的违宪审查制度，法官会有三个层次进行审核：一个是严格审查；一个是中间审查；一个是理性审查。要根据案由和涉及的权力的属性，来决定他使用哪一个程度的审查标准，如果这个案子他想赢的话，有三个条件，州政府要想限制某一个个体的权利要满足三个条件：第一要有一个非常重大的州的利益存在，第二个采取限制个体权利的措施要能够达到的目标，第三个标准，在所有达到目标的措施当中，选择伤害最小的。要满足这样三个标准的审核，而想进入这三个标准的审核，必须论证两个问题：第一，案件本身涉及的权利是一个基本权利，另外你要论证这个案子会涉及（英文）。第二就是 fundamental right，在美国最高法的司法审判当中，如果州政府或哪一级政府想限制隐私权的话，不是不可以限制，但是要满足三个标准。最后法院认可了这个事情，它认为教育权，这是一个 fundamental right，教育对个体，对社会经济发展的影响，另外是对合格公民，对政治生活参与的影响，还论证了一个很重要的问题，就是教育和另外几个基本权利是息息相关的，比如说言论自由和选举权，他认为如果没有教育权，所谓言论自由和选举权就是虚的，一个文盲怎么做选择，怎么在选总统的时候做选择，教育权虽然不是在权利法案当中，但是和权利法案当中的权利非常相关的。另外，如果想进入严格审查程序，还可以论证现有的制度造成一种差别对待，而且特定类别可以剔出来，比如他认为对于穷的学区是一个分类，加州的公立学校系统，财政的分担机制，实际上是歧视，而且历史上长期歧视贫穷学区的学生。构成了这两个标准之后，就可以进入严格审查，最后法院就开始论证，它是通不过这几个审查的，因为没有重大的州的利益，就是你已有的措施不能保障州的利益，最后法院认为它是违宪的，通过不了违宪性审查，判决依据是加利福尼亚州的竞争保护条款和联邦的竞争保护条款。

另外一个美国联邦法院的案子，这个案子完全是相反的结果。都是在州，因为联邦有平等保护条款，所以有一些原告，也把这个案子打到了联邦政府，在这个案子审判当中，大家可以看到要点，法院是逐条驳斥了原告的诉求，这个案子原告输了。法官的理由为：第一个是它并不构成差别对待，虽然现在整个拨款体系跟各学区的资产税相关，但是它认为穷的学区有富人，富的学区也有穷人。比如说种族是界限明晰的，黑人白人，很容易界定清晰，在学区的拨款机制上，联邦法院认为并不构成差别对待，因为没有严格的分类，学区内部的构成都有穷人和富人，这是很重要的理由。第二个理由，它不是所谓的基本权利，首先，这有一个背景，在美国联邦宪法中没有教育这个提法，因此并非基本权利。其次，它认为刚才加州的两个观点都不是认可的。最高法院认为这并不一定有关系，不受教育他们也能够投票，也能够说话，就是相关性并不大。第三个理由，他认为教育的投入，资金的投入，和最终教育的产出这个相关性是受到质疑的，并不是说钱投的多，教育的结果就好，这个结果是受到质疑的，加利福尼亚州的法官引用的关系是强有力的关系，但是最高法院认为没有强有力的关系，所以不构成权利的侵犯。所以，因为你不符合这两个条件，那么就不能进入所谓的严格审查，最后用的就是理性审查，理性审查很简单，只要政府做的这个事情没有一些稀奇古怪的、毫无理由的条件的话，都会通过这样的审查，在这里面它认为州政府做这件事情会有两个方面的基础，其一就是制约。因为义务教育拨款体制的问题，包括我们刚才分析了各级政府如何承担，州政府钱如何分，税制如何设计，这是非常强的技术活，它认为法院干不了这个事，我作出的判断并没有议会的议员做的判决更科学，他们接触更多的材料，我只是法律的专家。其二就是 local control，他们认为很多事情就应该地方决定，不应该中央决定。地方决定会有很多好处，一个是对地方的情况很了解，另一个是它更关心地方的教育事业。美国特别重视这一点，不能把整个教育的决策权都放到州。

另外一个案子，和刚才两个案子有些不同。打财政诉讼有两个重要的理由，刚才讲的是不平等的诉讼，再一个案子打的是充足性的理由，原告认为肯塔基州财政税制不能满足教育的要求。还举了个论据，从学生成绩入手，列举大量的数据，说明肯塔基州的标准化成绩在全美都是倒数，所以它想论证其现在没有达到最基本的要求，用这个理由告肯塔基州议会。用的条款就不是刚才说的平等保护的条款，用的是州的教育条款，刚才大家也看到了，依据肯塔基州的条款起诉的，最后法院也是依据这个条款宣判的。